韓国のトリセツ

やたら面倒な隣人と上手に別れる方法

西村幸祐

ワニブックス
|PLUS|新書

「令和」新時代に、汝、隣人を愛せよ――まえがきに代えて

隣人を愛するには、まず自分を愛することを知らなければならない。自分を愛するように隣人を愛するべきだ、とイエス・キリストは説いた。有名な聖書の言葉だ。現在、隣人である日本と韓国の関係が、東京オリンピック翌年の昭和四十年(一九六五)に国交正常化してからの五十四年間で最悪なものになったと言われている。しかし、それは本当だろうか?

少なくとも平成五年(一九九三)以来の二十六年間、私は取材を通して韓国と関わり、その国柄と韓国の人々を眺めてきたが、私が知る以前から、特に平成に入ってから日韓関係は悪化し続けていた。そして、その間、何か両国で問題が生じた時に、日本はそのつど表面上を取り繕《つくろ》うことで難問をやり過ごして来ただけではなかったのか。日本側がいつも丸く収めようということだけに腐心し、問題の本質を見究めないで両国間のトラブルの原因を徹底的に解明せず、ただただ誤魔化してきたわけである。

したがって日韓関係が最悪になったのは、決して昨年の戦時労働者裁判の判決や、海上自衛隊哨戒機への攻撃レーダー照射事件からでなく、はるか以前から最悪だったということなのである。それが私たち日本人に見えなかっただけだ。見えなかったのには理由がある。見ようとしなかったし、きちんと見ようとしてもそれを妨害するメディアの偏向システムがあったからだ。

現在、韓国経済は危機に瀕している。文在寅（ムン・ジェイン）大統領の経済政策が左翼政権とは言え、常軌を逸した反市場主義経済政策であるため、十年三カ月ぶりに第一四半期の経済成長率が前期比マイナス〇・三％を記録した。しかもそれに対して文大統領は「韓国経済の基礎体力は丈夫で、経済成長率も第二四半期から徐々に回復して改善する」と言い、多くの韓国民から失笑を買っている。さらに通貨ウォンの大暴落も迫っている。文政権は二〇一七年に朴槿恵（パク・クネ）大統領を弾劾で辞任させた後、二年連続で最低賃金を二桁引き上げ、週五十二時間勤務制など、分配中心の経済政策が施行したことで、韓国経済を牽引してきたサムソン、ヒュンダイなどの財閥企業から活力を奪い、中小企業も壊滅的な打撃を蒙っている。競争力の悪化とそれに伴う輸出の減少も大きな要因となっている。政権発足以来失業者は増大し、若年層の失業率も十％以上だ。

二〇一九年三月、韓国の輸出は前年同月比八％減り、四カ月連続の減少を記録し、半導体輸出が十七％も萎縮し、自動車（マイナス一％）、鉄鋼（マイナス五％）、スマートフォンなどの無線通信機器（マイナス三十二％）など、主力産業が壊滅的な状況だ。またサムスン電子ディスプレイ事業部門とLGディスプレイは、今年第一四半期に営業利益で赤字を記録したと韓国メディアは報じている。

そこで問題なのは、過去にそうであったように日本との諸問題をなかったことにして日本へ擦り寄って来る韓国へ、日本がどう接するべきかということである。たとえば就職難の韓国人が我が国に押し寄せたら、いったいどうなのか？　昨年の戦時労働者の賠償請求を認める韓国最高裁の判決を見ても、将来、冗談でなく、日本企業が強制連行したと訴えられる可能性が十分あることも解ったはずである。

《情報の流通がこれほど速くなった時代において、文明や法の支配という考えを知りながら、それでもただ過去だけに拘《こだわ》り続けるシナと朝鮮の精神は千年前と変わっていない。この近代文明のパワーゲームの時代に、教育といえば儒教主義であり、一から十まで外見の虚飾ばかりにこだわる、上っ面の知識だけで実が伴わない。現実面では科学的真理を軽んじる態度ばかりか、道徳さえ地を払い消え果てて、残酷で破廉恥を極めて非人道的である。たとえば国際的な紛争の場面でも、自らに間違いがあったかどうかを絶対に反省せず、悪いのはお前の方だと開き直って恥じることもないのである》（『21世紀の「脱亜論」』拙著・祥伝社新書）

これは今から百三十四年前に時事新報の社説として福澤諭吉が書いた「脱亜論」の一節の現代語訳である。

慰安婦問題とは、いったい何だったのか？　平成五年（一九九三）の河野談話とは、いったい何か？　もっと遡れば日本が米軍占領下で国家主権を回復する前に、韓国がコソ泥のように行なった竹島の不法占拠は、いったい何だったのか、ということになる。

ここまで述べた日韓の問題を理解している人でも、そのような日本の他者への優しさと優柔不断さに起因する〈曖昧な〉態度の結果が、〈最悪〉な今日の日韓関係になったと思っているはずだ。

だが、繰り返すが、以前から〈最悪〉の度合いは変わってない。日本の曖昧な態度が最悪の結果の原因ではなく、実は、初めから日本と韓国はボタンを掛け違えていて、ほぼ最悪だったのである。特に竹島の帰属問題は、日本が主権を回復した六十七年前の昭和二十七年（一九五二）以降に、普通の国なら戦争になっておかしくない問題である。隣り合う国はそもそも仲が悪いというという世界の一般常識さえ、日本人は忘れようとして来たのである。

なぜだろうか？　冒頭紹介した新約聖書『マタイによる福音書』第二十二章三十九節には《イエスは言われた、「心をつくし、精神をつくし、思いをつくして、主なるあなたの神を愛せよ」。これが一番大切な、第一のいましめである。第二もこれと同様である、「自分を愛するようにあなたの隣り人を愛せよ」》とある。

日本と韓国は、お互いに隣国を愛する前に自国をまず愛することができるのだろうか。そう考えると、両国とも自国を普通に愛していないことに気づかされる。韓国には極端に肥大した自己愛しかなく、日本には自虐的に自らを貶める自己否定が横溢する。これでは両国が、とても普通に自らを愛し、隣人を思い遣《や》ることなどできるはずはない。

しかし、日本では変化の兆しがやっと表れてきた。第二次安倍政権が平成二十四年（二〇一二）十二月に誕生すると、少しでも自らを客観的に評価しようという日本人が増えて来たのである。その結果、韓国のことを客観的な視点で捉える人も多くなった。もうすでにマスメディアによる洗脳や扇動が効かなくなって来たのである。

日本と韓国の関係は初めからボタンを掛け違えて最悪だったという、前述した事実を認識できる人々が増えていると言えよう。削除された歴史の真実を垣間見て、自分たちの両親、祖父母、曽祖父母の記憶に時間を超えて直接触れることができるようになり、日本人の歴史が可視化したのである。

その結果、平成元年（一九八九）の四月二十日に、朝日新聞が、沖縄西表《いりおもて》のサンゴ礁に「KY」という落書きで傷をつけた日本人が《将来の人たちが見たら、八〇年代日本人の記念碑になるに違いない。百年単位で育ってきたものを、瞬時に傷つけて恥じない、精神の貧しさの、すさんだ心の…》（傍点西村）と、日本人を憎悪したフェイクニュースを載せてから、平成三年（一九九一）に本格的に始まる〈従軍慰安婦強制連行〉キャンペーンも、竹島問題も、その他の韓国の反日キャンペーンの全てが、平成三十年（二〇一八）に起きた戦時労働者判決や自衛隊哨戒機への攻撃レーダー照射事件と同じようなものだったと、多くの日本人が気づき始めたのである。

　日本人の歴史の削除と言語空間の歪みに乗じて、過去から日本に強要されてきた韓国の歴史認識を整理するとこうなる。

・対馬は韓国領だが日本が三五〇年前に奪取した（李承晩《イ・スンマン》大統領）
・日本は朝鮮半島を侵略して植民地にした
・日本の植民地支配は苛酷な強奪で、朝鮮の近代化の芽を摘んだ
・慰安婦は日本軍によって強制連行されて日本軍の性奴隷にされた
・竹島は日本の植民地支配によって強奪された韓国の領土である
・朝鮮民族が古代に野蛮な日本人に文化を与えた

これらと最近の出来事を並べてみよう。

・旭日旗は戦犯旗であり、ナチスドイツのハーケンクロイツと同じ
・日王（天皇）は日本の植民地支配を謝罪しなければならない（李明博《イ・ミョンバク》大統領）
・加害者と被害者という歴史的立場は千年の歴史が流れても変わらない（朴槿恵大統領）
・朴槿恵大統領の「告げ口外交」
・済州島への海自艦入港に自衛艦旗の掲揚自粛要請。共同訓練の四カ国も入港せず帰国
・韓国海軍観艦式に自衛艦旗の掲揚自粛要請
・昭和四十年（一九六五）の日韓基本条約の破棄（戦時労働者・徴用工判決）
・日韓慰安婦合意を事実上の破棄
・駆逐艦による自衛隊哨戒機への攻撃レーダー照射
・日王（天皇）は元慰安婦に謝罪しなければいけない（文喜相国会議長）
・攻撃レーダー照射について、今後も行うと日本に通告
・韓国メディア、新札の顔、渋沢栄一を「収奪の象徴」と批判

・連合国（国連）安保理で慰安婦被害者の名誉・尊厳回復に努めると発言
・徴用工問題の解決法は「財団方式」という提言が民間から出る

こうした結果、日本政府が発表した平成三十一年・令和元年度版の外交青書では、韓国の「未来志向」「重要な隣国」という表記が消された。以前は「価値観を共有する」という文節もあったがそれはすでに平成二十七年（二〇一五）に削除されている。

韓国はこれまでも、日本の歴史教科書で少しはまともなものができたかと思えば、日本国内の反日左翼勢力と連携して内政干渉を繰り返し、とにかく、一年中毎日二十四時間、「日本」と名がつくものに過敏に反応してあら探しを続けてきた。日本が憎いと大声で罵りながら、それでいて本音では日本が大好きという、非常に困ったストーカーのような人々が北朝鮮とあわせて六千万人も住んでいるのが、朝鮮半島というユーラシア大陸の東端の盲腸のような半島なのである。

ストーカーは笑って見過ごしていて解決するようなものではない。ウザイといって、関わりにならないようにすることも効果的ではない。ストーカーを放置しておけば、必ず次は実力行使に出てくるのである。現に、外国人参政権問題、教科書問題と攻撃を仕掛けられているだけでなく、実際に対馬列島は侵略を受け始めている。

ストーカーにはストーカーに対処する法律が必要なように、歴史的事実と国際社会の理性をもって真っ向から対峙し、そして何よりも片手に武器をもって冷静に立ち向かわなければならない。

地理的、歴史的な関係から言えば、日本と韓国は最も密接な国である。それは誰にも否定できない事実である。古代から綿々と日本列島と朝鮮半島は影響を与え合い、干渉し合い、お互いに力を行使し合ってきた。

ところが、現在に於いて日本と韓国の関係を語るとき、そんな常識が通用しなくなっているのは異常である。それは、近代になってから一方的に日本が朝鮮半島に力を行使してきたという歴史解釈や、日本が古代から、あるいは近世まで、朝鮮半島から高い文化を教えられて来たというような妄想が前提になることが多いからだ。

なぜ、そのような異常な事態に陥ってしまったのだろうか？　偏狭で排他的な激しい民族主義が韓国人の妄想の根底にあり、それにいわゆる日本の「植民地支配」が「恨《ハン》」としてブレンドされているからなのだろう。

しかし、地政学的に言っても、朝鮮半島は日本にとって、また、朝鮮半島にとっても日本列島は、非常に重要なものだ。そこで必要とされるのは複眼的視点である。複眼的な視点でお互いが相手を相対化することで、偏狭な民族主義から逃れることが可能となる。そういう意味でも、本書は韓国人にこそ読んでもらいたい。

日本を絶対視することを止めなければ、永遠に韓国は日本の呪縛から逃れることはできない。日本を相対化することで韓国は日本から自由になり、初めてそこで二国間の関係が生まれ、ノーマルな意味での対立と友好が自然に形成され得るのである。そこで初めて隣人を愛せるのではないだろうか。

本書ではそのような難しい韓国の「トリセツ」をさまざまな角度、切り口から検証した。韓国という存在に困り果てている人も、最近気になり出した人も、何か考えるヒントを得てもらえれば、著者としてそれ以上の喜びはない。

目次

第一章

「病」としての韓国、その核心

日本人が知らない韓国の真実

客観的数字で見る、嫌われている韓国

二〇一八年の十月から十一月にかけて、日本経済新聞社グループの総合調査会社である日経リサーチが「日本人が嫌いな国」という調査を行った。一位は北朝鮮（八十二%）、二位は中国（七十六%）、そして三位が韓国で、六十一%の日本人が「韓国が嫌い」と答えた。

時事通信社は一九六〇年から「好きな国・嫌いな国」という調査を行っているが、その初回の結果の「嫌いな国」トップスリーはソ連（ソビエト連邦・現ロシア）、韓国、中国だった。韓国については四十六・六%の人が嫌いだと答えた。韓国については半世紀経ってもいまだに嫌いな国トップスリーに入っていて、現在は嫌いな人が堂々と過半数となっている。

ちなみに一九六〇～七〇年代は日本の左翼運動が戦後最も盛んになったとされる時期である。都留重人、鶴見俊輔、吉本隆明といった左翼思想の大御所や小田実のような活

動家も含め、いわゆる〈進歩的文化人〉と言われた偶像が言論をリードしていた時代であり、社会全体が社会主義あるいは共産主義に共鳴していたと思われても不思議ではない時代だった。

しかし、一般の世の中では、日本人がいちばん嫌いな国はソ連であり、五十・四％の人がソ連は嫌いだと言っていた。いかに当時の言論をリードしていた朝日新聞や岩波書店などのメディアが時代を脚色して伝えてきたか、また今もそうしているかのいい見本だろう。一九六〇年代～七〇年代の、いわゆる左翼思想趣味については、別の機会に日本の思想史、文化史的な視点から検証し、批判する必要があると痛感している。

考えてみれば、日本は今日までの戦後七十四年間で、六〇年安保、七〇年安保、沖縄返還、ＰＫＯ派遣など、朝日新聞の社論と常に逆の方向に動き、日本人は決して朝日の言うことを聞かなかったという事実が残るが、そのようにして世界に稀に見る敗戦後の復興と、経済成長を成し遂げ、バブル崩壊後も世界有数の経済大国で、失業率の低さを誇り、今日の平和と経済繁栄を築いてきた。

話を戻すと、韓国が嫌われていることの重大性と核心は、すでに三十年前の一九八九年に終わった東西冷戦構造というものを便宜的にひとつのものさしとして考えた時、韓国は西側陣営であるにもかかわらず嫌われてきた、ということだ。

同じ資本主義・自由主義・民主主義の国であれば、このような調査の場合、「嫌い」としてあげられたとしても、そのパーセンテージはアメリカにしてもイギリスにしても他の国にしても一桁台で、「好きでも嫌いでもない」というのが普通である。つまり、韓国という国は普通の民主主義の国ではないし、普通の自由主義、資本主義の国ではない、と日本人に見られてきたことも解るだろう。

さらに別の視点を加えれば、アジア、とりわけ東アジアでは二十一世紀になった現在でも、中国共産党、朝鮮労働党の一党独裁の全体主義国家があり、いまだに冷戦構造が続いているということであり、その東アジアの冷戦構造の中に於いてさえ、韓国は私たちとは違う陣営にいるということを示唆している。

日経リサーチの二〇一八年の調査は、いわゆる徴用工訴訟問題が明らかになった時期に行われている。韓国の最高裁にあたる大法院が新日鐵住金（現日本製鉄）に対して、韓国人四人へ一人あたり一億ウォン（約一千万円）の損害賠償を命じた、という事件だ。

この件が調査の数字に反映されていることは間違いないだろうが、その後、韓国は同年十二月に、韓国海軍駆逐艦による、我が海上自衛隊哨戒機への攻撃レーダー照射事件を起こした。

能登半島沖の日本海で、韓国海軍の駆逐艦「広開土大王」（クァンゲト・デワン、DDH-971）が、海上自衛隊のP-1哨戒機に対して火器管制レーダー（射撃管制用レーダー）を照射した。もちろん日本国政府は抗議し、それに対して韓国政府が日本を愚弄するような子供じみた難癖をつけてくるという流れになった。韓国嫌いのパーセンテージはおそらく今、調査時の六十一％よりさらに上がっているだろう。

日経リサーチの調査結果に対する韓国の反応には興味深いものがある。韓国の大衆情報を集めるネットメディア「S-KOREA」によれば、ネットの声として上がったのは「周辺国はみんな日本が嫌いだ」「私も北朝鮮、中国、日本の順で嫌いだ」「韓国で同じ調査をすれば中国が一位だろう」、そして「日本への観光を自制しよう」というものだったという。

韓国は、「なぜ自分たちが嫌われているのか」については興味がない。したがって、思想にしても政治にしても制度にしても修正するつもりも改定するつもりもない。悪いのは常に「間違っている他国」であり「韓国によくしてくれない他国」である。結論から先に言ってしまえば、これが韓国の「病」であり、国を動かす情緒的で感情的なイデオロギーなのである。

かつて〈韓流〉というキャッチフレーズで韓国ブームなどと呼ばれた時期がある。今もテレビなどでは、その数はかつてよりかなり減ったが、韓国おすすめグルメ情報などが流れるし、韓国の芸能人も登場する。

しかし、元時事通信ソウル支局長だった評論家、室谷克実氏が統計から分析したところによると、「韓国好き」が「韓国嫌い」を上回ったのは、二〇〇二年に開催された日韓共催のサッカーFIFAワールドカップ直後と二〇〇五年の始めの時期だけである。（一般社団法人中央調査社・中央調査報〈世論調査分析〉日本人の「好きな国・嫌いな国」〈二〇〇五／九〉）

二〇〇五年の好韓結果を呼んだのはもちろん「冬のソナタ」というテレビドラマで、二〇〇四年四月にNHKが総合テレビジョンで再放送を開始したのがきっかけだった。

そして、私が執筆活動で〈韓国〉をスポーツ以外の分野で本格的に扱い始めたのが、この時期、二〇〇二年の日韓共催ＦＩＦＡワールドカップの頃だった。私は当時、スポーツジャーナリストの肩書も持ち、各メディアに寄稿していた。まず、私の体験をもとに、日本が最も好感を寄せていた時期の韓国と日本の状況を紹介しておこう。

日韓共催ワールドカップ当時の韓国

もう十八年前になるが、二〇〇一年（平成十三年）十二月一日、私は釜山のコンベンションセンターで行われた日韓共催ワールドカップの組み分け抽選会取材後にソウルに飛んだ。ソウルの冬は風が頬を刺す。中心部を流れる漢江には時々氷が張り、凍て付くような空気は釜山とは明らかに違った。ちょうどその頃、「冬のソナタ」の撮影がクライマックスを迎えていたそうである。

組み分け抽選会の日は、日本から愛子内親王殿下ご誕生の一報が抽選会場となっていた釜山コンベンションセンターの取材陣に届いた日でもあった。韓国でも大きなニュースになっていた。

私のソウルの定宿は、地下鉄二号線の乙支路3街（ウルチロサンガ）駅から近く、便利な上にソウル市民のエネルギッシュな様子に生で触れられる土地柄にあった。一年前からソウルに住んで、韓国のサッカー情報をWEBサイトで発信していた日本人の女性と待ち合わせをしてワールドカップ開催を半年後に控えたソウルを取材した。

私は当時、韓国人と一緒にワールドカップ情報を発信できればと思っていた。日韓両国のサポーターの情報を共有化するプランを持っていた。しかし、なかなかいい韓国人のパートナーと巡り合うことができずにいた。

彼女に案内された明洞《ミョンドン》の開店したばかりのサッカーバー「ミリオーレ・スタジアム」の壁面には大きな日の丸と太極旗と呼ばれる韓国国旗が飾られていた。いくつか寄せ書きがあって、経営者のウォン氏に紹介された私は太極旗にメッセージを書いた。決勝で日本と韓国が当たりますように、と書いた記憶がある。そのスポーツバーが当時のまま健在であれば、今でもその寄せ書きが残されているかも知れない。

当時の私は、少なくともワールドカップが始まるまでは、単純にスポーツというメディアが日韓両国の政治的思惑、歴史的背景を超えて、共通のメディアになることを期待していた。「ミリオーレ・スタジアム」のウォン氏と握手をした時には確かにそう思った。

それは、韓流ブームを演出した一部の人が抱いていた、テレビ番組や映画が両国を行き交うことで日韓関係の新しい座標軸が見つかるのではないかという、素朴な考えと同じ過ちだった。ただし、テレビドラマや映画などのソフトよりもスポーツの方が日韓関係の新基軸を探す手掛かりになるのに適していたことは確かだった。当時の日本文化を今より制限していた韓国では、日本のソフトが正確にきちんと紹介される可能性が低かったからである。

サッカーの試合そのもの、ピッチ上の一つひとつのプレーは、決して検閲されることなく、誰にでも同じコンテンツが供給され、それを共有できる。当時の私は、明らかにそんなソフトパワーとしての〈スポーツの力〉を過信していた。

天皇陛下「ゆかり発言」への過剰な反応

平成十三年（二〇〇一）の天皇誕生日の記者会見があったのは十二月二十四日だった。

私が帰国してすぐのことである。翌年開かれる日韓共催ワールドカップについて質問があった。天皇陛下（現・上皇陛下）は日本と韓国の歴史関係に触れ、皇室と朝鮮半島の〈ゆかり〉について次のようなお言葉をお述べになった。

「日本と韓国との人々の間には、古くから深い交流があったことは、日本書紀などに詳しく記されています。韓国から移住した人々や、招聘された人々によって、様々な文化や技術が伝えられました。宮内庁楽部の楽師の中には、当時の移住者の子孫で、代々楽師を務め、今も折々に雅楽を演奏している人があります。こうした文化や技術が、日本の人々の熱意と韓国の人々の友好的態度によって日本にもたらされたことは、幸いなことだったと思います。日本のその後の発展に、大きく寄与したことと思っています。私自身としては、桓武天皇の生母が百済の武寧王の子孫であると、続日本紀に記されていることに、韓国とのゆかりを感じています」

当時、私はこの「ゆかり発言」が契機となって少しでも日韓の異常な関係が修復されるのではないかと快哉を叫んだが、韓国から全く予想外の反応が返って来たことに正直驚かされた。

翌日、韓国の主要紙は一面トップで天皇会見を伝えたのだが、《W杯を前に「韓国人に送った友好メッセージ」》と好意的に伝えたものの、《韓（朝鮮）半島との血縁を日王自ら初めて発言した》ということをクローズアップしていた。東亜日報は東京発の記事で《日本王室が百済と密接な関係にあるのは日本の歴史書にも記録されてはいる。しかし、これを公に言及することはタブー視されてきた》と事実に反することとさえ報じた。

言ってしまえば、天皇陛下の「ゆかり発言」は、既定の歴史事実を踏まえた外交辞令である。それに対して韓国側は過敏に反応した。私はこの時、『続日本紀』に記載された歴史事実をタブーだったと報じること自体、韓国は自らタブーに触れてしまったと思った。なぜなら、百済は日本が経営していた国であり、武寧王は六世紀初頭の人物で日本で育てられたという説もある。その子孫が八世紀の桓武天皇の生母なら、桓武天皇の御代まで二百年ほどの時差があり、どれだけ少なく見積もっても桓武天皇の生母は在日五世以上と考えられる。

ところが「ゆかり発言」を契機に「天皇のルーツが韓国に」というフレーズが日本でもサヨク陣営を中心に飛び交うようになった。滑稽以外のなにものでもない。天皇の皇位はそもそも神話時代から百二十六代の近上陛下に至るまで、女帝を含めて男系で継承されてきた。この一件でルーツに言及することが非常識で、今日の〈女系天皇〉などという始めから存在しない概念が世論調査に使われることが皇室への攻撃である。

皇室を貶《おとし》めようとサヨクが鬼の首でも取ったように喜んだのは、朝鮮民族への差別意識の裏返しである。また、韓国側で目立った「日本人には衝撃」という報道も、日本を嫌う反日感情と韓国人の不必要なコンプレックスの裏返しだった。「日本人には衝撃」であって欲しいという願望を表しただけである。

この記者会見の約一カ月後の二〇〇二年一月十四日からKBS（韓国放送公社）で、この一年ほど後に日本でブームになり始めた「冬の恋歌」（日本名「冬のソナタ」）の放送が始まっていた。日韓両国で話題になり、問題となるもののほとんどは、実はこのような不必要な〈空騒ぎ〉による、本質からずれた言葉の洪水に過ぎない。〈空騒ぎ〉によって問題の本質や本当の危険が隠されてしまうのである。

韓流ブームの真実

平成十六年（二〇〇四）七月二十一日に行われた日韓首脳会談があった。小泉純一郎首相（当時）は「日本では韓国が大変なブームになっている。映画やドラマがもの凄い人気だ」と発言した。この「冬ソナブーム」こそ、〈空騒ぎ〉の端的な例だった。実際のブームも確かにあったので二重の意味で〈空騒ぎ〉になっている。

当時ソウル在住だったフリーライター、菅野朋子氏が同年の「日韓文化交流基金NEWS」（六月三十日号）でこう書いていた。私は菅野氏に、北朝鮮の強制収容所に収監体験がある姜哲煥（カン・チョルファン）氏のインタビューで通訳をしてもらったことがある。

《皆、なぜか、いぶかしげな表情で聞いてくる。「羽田での騒ぎを見たんだけど、ペ・ヨンジュンって本当に人気があるの」「なんで彼がそんなに人気があるの」と質問攻めにあい、事情を説明しても、知り合いの40代半ばのオンニなどは、「また、ネチズン（インターネット市民の造語）の〝デマ〟だとばっかり思っていたんだけど、本当なんだ」と半信半疑の様子だ。（中略）「韓流」と呼ばれ、中国や台湾でも韓国の芸能人人気が急上昇したが、それに遅れて起きた日本のこの冬ソナシンドロームは、韓国の人たちには、あまりにも異常に映るらしく、しかも、現在〝旬〟のスターでないのになぜとい

う思いがあって、本来お国自慢の韓国の友人たちも、首を傾げてしまったようだ》

菅野氏が紹介する韓国人たちのこの反応は極めて客観的なものである。韓国人に「異常に映る」と言われ、「冬ソナシンドローム」という言葉で形容される異様な状況は、まさに私が〈空騒ぎ〉と規定した「冬ソナブーム」の本質を韓国サイドから衝いたものになっていた。

「冬ソナシンドローム」は、日本側の韓国に対する「病理的現象」を的確に表している。日韓関係においては韓国だけが「病」を持っているわけではない。まさにブームの渦中、日本テレビのワイドショー「ザ！情報ツウ」で司会の麻木久仁子氏が「純粋っていうか、まどろっこしくてもう……」と「冬のソナタ」に対して感想を述べたことがあった。これに対する抗議電話が日本テレビや麻木氏の所属事務所に殺到した。

私は当時、この件の事実確認を行ったが、日本テレビは及び腰で、抗議内容やどんな人たちから抗議が殺到したのかの取材には応じようとしなかった。そもそもこの種の抗議が正確に番組の制作現場に届かないことは多く、「ザ！情報ツウ」のスタッフの一人は「抗議の内容が全て現場に来るわけではないし、知らされないこともあると思います」と私に口を滑らせた。

抗議が本当に「冬ソナシンドローム」を患った人から来たものなのか、あるいは政治利用しようとする勢力から来たものか、その実際のところは判明していない。それにしても、テレビドラマの感想を一言述べただけで抗議が殺到し、所属事務所が謝罪を表明する事態は健全ではない。まさにシンドロームが日本中を席捲していたのである。

この事件には後日談がある。当時の2チャンネル（ネット掲示板・現在の「5チャンネル」）のいわゆる「冬ソナ板」では麻木久仁子氏への批判が続いていた。そこへ一部の「2ちゃんねらー」が乗り込み、掲示板を荒らしに荒した。

インターネットの掲示板荒らしの本家は韓国である。当時は「2ちゃんねる」自体が恒常的に韓国からの攻撃に曝《さら》されていたし、いわゆる「荒らし」行為は韓国からだけでなく多くの在日によって行われていた。朝日新聞社員が築地の本社から荒らしのスパム書き込みを大量に行っていたことが暴露されたこともある。二〇〇五年二月の小泉首相の「竹島は日本領」発言の後、冬ソナの主演男優ペ・ヨンジュンの日本人ファンサイトの掲示板が韓国人たちによって荒らされたこともあった。

元々、韓国はインターネットを利用した政治的なキャンペーンを政府はもちろん、反政府勢力も行なっている国である。現在もその伝統は受け継がれ、朴槿恵前大統領の糾弾デモから弾劾、辞任に追い込む経緯で、文在寅現大統領の支援勢力や北朝鮮工作員などによるネット上の世論誘導や情報操作があったことが指摘されている。実は北朝鮮人民軍もこのネット工作に長期的に取り組んでいる。現在も日本のネットに安倍政権批判の書き込みがこの勢力からなされていると考えるのが普通である。

インターネットほど自由社会の国なら簡単に国境を越えるツールはない。逆に全体主義の独裁国家には自由にアクセスできないのもインターネットの特徴である。韓国政府、あるいは各種政治団体、NGOなどが、日本や世界中のメディアや公的機関に圧力をかけるのは日常的な行為となっている。

「VANK」(www.prkorea.com)という市民団体を名乗る韓国政府の外郭団体は、反日キャンペーンが始まると、例えば日本海を東海と表記させよう、というキャンペーンの場合など、国連の関係機関を含めた世界中の諸機関、地図出版社にクリック一つで抗議メールが送信できる送信フォームを作っていた。必要最低限の書き込みだけで抗議メールを送信できるよう、お膳立てがしてある。こういった用意が周到にしてあって、今も世界中の関連機関、企業は大量のスパムメールに悩まされているのだ。

「冬ソナ」は韓国で放送当時も高い人気を誇るドラマではなかった。当時のシナや台湾や東南アジア諸国には「韓流」ブームはなかったし、あったとしてもすでに下火だった。

そんな状況で小泉首相がさもアジア情勢に理解があるように外交の舞台で「冬ソナ」に言及したのは外交的にも大きなマイナスだったはずだ。責任は情報を精査しない首相官邸や外務省にもあるが、最大の元凶は日本のマスメディアにあった。

「冬ソナ」を持ち上げるのであれば、当時韓国国内で最も人気があったドラマは、日本統治下の日韓の対決を描いた「野人時代」という反日ドラマだったという情報も報道されるべきだった。そういう背景があって、初めてペ・ヨンジュンが反日意識の強い俳優であることも理解できる。韓国において親日派であることは「売国奴」の同義語であって、特に芸能界では絶対に成功しない。日本に一方的な情報しか入ってこない状況は、今もそれほど変わっていない。〈空騒ぎ〉は未だ日本人の目を眩ませてもいる。

「冬ソナ」ブームは本当にあったか

ところで本当に「冬ソナ」ブームはあったのだろうか。ペ・ヨンジュンを前面に出した共同通信社や宝島社のムックは二〇〇五年には四十万部の売り上げを達成していた。普段芸能ものを出さないというある出版社でも初回八万部、三日後には増刷となって四万部を追加、合計十二万部を完売したという。ある出版関係者はこう私に打ち明けた。

「売れるものは俳優の写真を大きく扱ったタレント本の体裁になっているものです。昔の『明星』とか『平凡』のようなタレント本をイメージしてもらえば分かります。失敗してほとんど売れなかったのは、冬ソナの作品そのものを本にしたものや作品解説などに重点を置いたものでした。ブームは地上波の放送が終わった後にもうひと山来そうな気がします。正直言ってこれだけ売れるとは思っていなかった」

典型的なミーハー人気ということなのだが、韓国でも奇妙に思われているこの現象はいったいどこから来たものなのだろうか。別の出版プロデューサーはこう語ってくれた。

「おばさんの井戸端会議の延長線上にあるんです。こういうブームは一度火が付くとメディアが増幅するので後は自然現象ですね。日本では去年（二〇〇三年）NHK－BSで放送を始め、何ともなかったんです。それが年末に二十話を一括放映してから一気に井戸端会議の話題になった。じゃあ、私も観てみようということで広がったんです。ブームが持続したのはそこそこ内容がいいことと真面目に作っている点が日本人にも伝わったのではないか」

別の関係者の証言は、より示唆的である。

「冬ソナブームは、〝口裂け女〟に近いと思います。一種の都市伝説なんです。だから理解できない不思議な熱狂振りがあって宗教じみています。テレビでちょっと批判的なことを言ったら抗議が殺到するなんて異常ですが、宗教だと思えば理解できます。私の会社ではプレゼント応募券の返りが多いのでマーケティング的に非常に助かりました。本が売れたことも良かったけれど、プレンゼント応募券が五千通も返って来るなんて常識では考えられないことですからね。新しいマーケット目標ができたのは大きいです」

彼らの話を振り返ると、書籍、ＤＶＤを購入したのは十五年前当時に、三十代後半から四十代後半、五十代の女性だった。二〇〇四年四月三日にＮＨＫ総合で放送が始まる頃までにはそういう顧客層を完全に把握したマーケティング戦略ができあがっていて、出版物、ＤＶＤなどが売られていったことになる。

「韓流とか韓国ブームと言われているが、韓国映画などはマスコミが言うほどのブームではない。その証拠に観ている人は少ない。興行的には失敗しています。そういう意味で冬ソナだけは特殊なんです。確かに都市伝説とも言えますね。おっかなくて批判はできないですよ。おばさんが百と言ったら、こちらも百と言わないと大変なことになる。家では女房が言うことを百％正しいと言わないとおかずが一品減るようなもんですよ。コンフルエンザって言葉まであるんですよ」

健全な社会であれば、それがどんな社会現象になっていようとも、作品自体の客観的批評を社会が拒否することはない。しかし、それが許されない病的な状況が十五年前にはあり、だからこそ「冬ソナシンドローム」と呼ばれていた。

そういった状況には、余りにも多くの夾雑物が付け入る隙がある。ただでさえ政治的思惑が支配する日韓関係では、ブームが形成された背景を精緻に解析する必要があった。自然発生的なブームである、といくら関係者がビジネスのために肯定しようとも、そこには読み解かなければならない背景があった。ブームがどこへ向かうのか、日本を危険な方向に向かわせていないか、検証する必要がある。当然、最近の原爆Ｔシャツで物議を醸したＢＴＳというアイドルグループにもそれは言える。

当時を振り返ると、ＮＨＫは「冬のソナタ」に関する、常識を超えた宣伝を全放送時間帯を用いて行なっていた。ニュース番組であるはずの「クローズアップ現代」までが番組内容を宣伝的に放送していたのだ。それと同時に、民放各局がＮＨＫのテレビドラマを自社の番宣のようにＰＲしていた。当時の状況を振り返れば、ブームを起爆させる意図的な情報統制があったと考えるのが普通である。

しかし、日本の公共放送であるＮＨＫがなぜ、そんなに韓国に肩入れする放送を行なっていたのか、誰でも不思議に思うはずだ。実はそこに厄介な韓国問題の隠された本質がある。一般的な視聴者、読者、つまりメディアの〈受け手〉には見えない仕組みがある。

現在もＮＨＫは韓国に関する異常な報道を行なっている。平成三十年（二〇一九）度の「フェイクニュース大賞」（一般社団法人国民の知る権利を守る自由報道協会主催）はＮＨＫが大賞を受賞した。私も審査員としてこの賞の選定に携わったが、ＮＨＫの

「『韓国に侵攻』という虚偽をテロップへ挿入・レーダー照射コラージュ・靖国放火事件報道他」が大賞に選ばれた。

「日本が『韓国』に侵攻テロップ」とは、平成三十年（二〇一八）五月十五日に放送されたＮＨＫ「あさイチ」という番組で起きた事件だ。外国人観光客向けの東京の下町観光ツアーで、英語ガイドが東京大空襲で亡くなった人を慰霊する施設を案内する際のテロップで、「もちろん日本はアメリカを攻撃し韓国、中国、東南アジアに侵攻しました」と表示した。しかし、ガイドは「韓国」とは言っていない。

英語ガイドが言っていない「韓国」をわざわざテロップに挿入するフェイクニュースをＮＨＫは流した。第二次世界大戦時、韓国は日本の一部であり、終戦間際に徴兵制が施行される前は朝鮮全土から志願兵が殺到して、日本と一緒に戦争を戦った。士官学校を卒業した朝鮮人の将軍も輩出し、特攻隊にも朝鮮人はいて、靖国神社には朝鮮人の戦死者も二万人以上が英霊として祀られている。

にもかかわらず、意図的にそんなテロップを挿入したのは、歴史的事実に背を向ける反日史観の韓国人か、反日サヨク日本人のＮＨＫスタッフが犯した報道犯罪である。そんな構造が日本の公共放送であるＮＨＫにでき上がっている。

「レーダー照射コラージュ」とは、二〇一八年十二月二十八日昼の「ＮＨＫニュース」で、韓国側の言い訳をまるで事実であるかのように見せかける、韓国海軍駆逐艦のすぐ上を海上自衛隊Ｐ－１哨戒機が飛行しているかのような合成写真を使用したことだ。

こんな恐ろしい情報操作をＮＨＫが日常的に行うほど、韓国は日本のメディアを浸食して情報操作と韓国寄りの反日プロパガンダ放送を可能にしているのである。

韓流ブームの背景

話を十四年前に戻そう。韓流ブームが絶頂期だった二〇〇五年は、日韓基本条約締結の四十周年に当たっていた。外務省はそれを記念して、前年から「日韓友情年２００５」としてスポーツから文化に及ぶあらゆる分野で文化交流を計画していた。

「日韓友情年２００５」実行委員会は前年から稼動し、委員長に平山郁夫（東京藝術大学学長）、副委員長に瀬戸雄三㈳日韓経済協会会長）と成田豊㈱電通会長）、委員に小倉紀蔵（東海大学助教授）、崔洋一氏（映画監督）、平田オリザ氏（劇作家）、依田巽氏（㈶音楽産業・文化振興財団理事長）の四名（役職は当時）が就任していた。「日韓友情年２００５」の公式サイトは日韓文化交流基金が母体になっていた。

ＮＨＫにすれば、政府主導のイベントに大きく関わるのは社是のようなものである。「日韓友情年２００５」に協力しないと考える方が不自然であり、ＮＨＫのハングル語講座の講師であった小倉紀蔵東海大学助教授がメンバーだったのもそういった背景から、むしろ当然の人選だった。

また、政府関連事業に欠かせない電通の存在が実行委員会にしっかり寄り添っていたことに注目すべきだろう。電通会長の成田豊氏はもちろんだが、小倉紀蔵氏も元電通マンである。つまり、「日韓友情年２００５」実行委員会にはＮＨＫと電通が色濃く影響していた。「日韓友情年２００５」の前年に「冬ソナシンドローム」を巻き起こす必要があったと考えるのは自然なことだ。

ＮＨＫが「冬ソナ」ブームを必要とした理由がもう一つ考えられる。それは「冬のソナタ」はＮＨＫと強い協力関係にあるＫＢＳがＮＨＫの開発したハイビジョンカメラで撮影した作品で、ＮＨＫの当時の社是であったハイビジョン普及のために、ヒット作にしなければならなかったという事情である。いずれにしても、日本の中年女性にとって「都市伝説」となる魅力的な要素が「冬ソナ」あったにせよ、関係者のビジネス事情と必死な環境作りがあって「冬ソナシンドローム」の成立は可能だった。

そして重要なことは、二〇〇二年の日韓ワールドカップに、少なくとも草の根レベルで日本と韓国の距離を遠ざけることはあっても、近づけたという事実はなかったことだ。その原因は、メディアの一方的な情報統制にあった。日本で「冬ソナシンドローム」が起きていることは、当時、嫌でも毎日メディアから洪水のように降り注いでいた。それによって小泉首相がピントの外れた発言を外交の場で何度もしていたのだ。

韓国のソフトが嫌でも日本に溢れかえる状況は、韓国内での日本ソフト解禁を目指した逆プロモーションでもあった。二〇〇二年秋に韓国は日本ソフト解禁を行っている。しかしそれが韓国内でどのような状況になっているかは報道されなかった。

当時、韓国にわたった日本ソフトとして話題になったものにアニメ映画「ヒカルの碁」(ほったゆみ・原作、小畑健・画)がある。「ヒカルの碁」は「少年ジャンプ」連載中から高い人気を誇り、小学生に囲碁ブームを起こしたことでも知られている。

二〇〇四年六月に韓国でアニメ放映が始まった。六月三日の朝鮮日報はこう伝えている。

《日本で大旋風を巻き起こした人気漫画「ゴースト囲碁王」（原材：ヒカルの碁）が1日から毎週火曜日に、公営放送ＫＢＳテレビ（韓国放送公社）第2チャンネルで放映されている。作品性が認められた大作であるうえ、韓国内でも多くのファンを確保しており、良い反応を得るだろうとの見方が出ていた。しかし、いざ放映がスタートした後、予想できなかった面に、非難が殺到している。主要キャラクター、チャラン（原作のサイ）のすべての衣装を白くして放映し、見る度不自然に感じるということだ。ＫＢＳテレビ・視聴者掲示板には、放映直後に「（チャランの）首だけが浮いていて、変だ」（ハン・スミ）、「目で見て理解する漫画なのに、キャラクターを象徴する服を、すべて削除したら意味がない…こんなことなら最初から放映をしなければ良かった」（カン・ソクリム）というなど、不満を述べる文が多数掲載された》

この記事だけでは何が問題になっているのかまったくわからないだろう。登場人物が倭的、つまり日本の服装をしているという理由で、ボカシが入って修正されているのである。主人公の平凡な小学生に取り憑いていたのは平安時代の天才囲碁棋士であり、その姿は烏帽子をつけた貴族装束なのだ。まるで一昔前のポルノ映画のような様相である。文化交流と程遠い現実に、当時の韓国の若い世代も大いに非難していた。そしてこの状況は今もさほど変わってはいない。

日韓友情年に韓国が行なっていたこと

電通はアジア各国に支社を持ち、当時、韓国法人だけがトップが現地人だった。二〇〇四年（平成十六年）九月に資本比率が変わり、電通の持ち株が四十％から八十五％に大幅に上げられ、社長も日本人になった。当初、現地人がトップであったのは、韓国の保護主義のためである。電通という巨大資本が韓国に利用され、日本では決して放送されない反日主義の人気テレビドラマや映画が、アジア諸国に韓国電通発で配給される可能性もあった、ということである。

一九九五年に公開された「ムクゲの花が咲きました」という韓国の超人気映画があった。百万部のベストセラーになった同名小説の映画化で、韓国が日本を核攻撃するストーリーだ。この種の反日ものは数多く制作され、人気を博しているが、まず日本では観ることができない。つまり、韓流ブーム当時は、一方で「日韓友情年」を謳いながら、一方で反日意識が横溢したソフトに人気が集まり、歪曲された歴史観で日本を非難し続けていた、というのが韓国の状況だった。

そんな風土を象徴するかのように二〇〇四年三月二日には「親日派糾弾法」と言われる「親日・反民族行為真相究明特別法」が韓国国会で成立している。私は、まさかこれが実際に成立するとは思っていなかった。近代法の概念とはかけ離れた極めて時代錯誤的な悪法である。

簡単に言えば「事後法という概念で日本の統治時代に日本に協力した人物を裁くことができる」という法律だ。法律としてあり得ないばかりでなく、それ以上に日本への憎悪だけを証明している法律である。韓国人の歴史認識はこれほどに浅薄なのかということを改めて考えさせられた実例だった。

当時の与党ウリ党がこの法律の成立を進めたのだが、二〇〇四年六月に行われた世論調査から「韓国与党、日本重視わずか2％　靖国反対は40％」（中央日報）という外交政策の調査結果が発表されている。これが韓国内の現実だったのだが、日本人も日本政府も「冬ソナシンドローム」に幻惑されていた。

注目すべきは当時、文部科学省文化庁文化部長だった寺脇研氏という人物の存在だろう。寺脇氏は悪名高い「ゆとり教育」の提唱者として知られている。当時は文化庁文化部長という肩書きにあり、朝鮮日報から次のように評価されていた。

《日本政府の「同ドラマ（冬ソナ）現象スポークスマン」とも呼ばれる文化庁・文化部の寺脇研部長は「韓国語ブームが起きているのを見ると、韓国ブームは長引きそうだ」と展望している》

つまり、外務省とは別に文科省の立場から「韓流」ブームに深く関わる人物として韓国メディアから信頼が厚い人物だった。その寺脇氏はある高校生向けのサイトに次のようなエッセイを発表した。

《韓国総選挙の結果、大統領与党のウリ党が勝利して過半数をとり、ノ大統領の政策が国民多数の支持を得たのは、日本と韓国との関係には確実にプラスです。現在のノ大統領でも、それに先だって民主化、柔軟化を志向したキム・デジュン大統領でも、これまでは議会で大統領与党が単独で過半数をとることはありませんでした。そのために、いかに強い権限を持つ大統領の立場でも、議会側からさまざまな制約を受けることがありました。今進行中の弾劾審判問題（三権分立の考え方で、立法府たる議会が行政府の長である大統領を訴追し、司法府たる憲法裁判所が大統領の適格性を審判する仕組みです）も、そうしたひとつのようです。これからは、大統領の政策がこれまでのように障害にじゃまされずスムーズに実行できるようになるでしょう。最近の大統領の施策や発言によれば、日本との関係を、より良好なものにしていこうという意思が明確に感じられるだけに、わたしたちもそれを受け止めて積極的な交流を図りたいと思っています》

盧武鉉（ノ・ムヒョン）も金大中（キム・デジュン）も太陽政策と呼ばれる親北朝鮮制作の推進者だった。親北朝鮮勢力を称揚する、このような官僚が文科省の中枢にいて日韓友好事業を推進していた。この反日的な流れは文科省次官を辞任した前川喜平氏にまで繋がっている。

まずは正しく知っておく必要がある〈日帝三十六年〉

すでに述べたが、当時、小泉首相は日本の韓国ブームや「冬ソナシンドローム」をリップサービスしていた。一方、日韓首脳会談が済州島で行われた二〇〇四年七月二十一日、ソウルでは「対馬は韓国領土 小泉首相訪韓反対集会」なる集会も開かれている。朝鮮日報によれば、《大韓民国独島郷友会（チェ・ジェイク会長）は21日午後、ソウル・鍾路のタプコル公園で日本の小泉純一郎首相の訪韓に反対する集会を開いた。（中略）韓国の昔の領土だった対馬島の返還を促す一方、韓半島侵略の歴史に対し謝罪するよう求めた》。

お定まりで、うんざりするような「謝罪」を求める韓国人の妄動である。すべては捏造された歴史観から来ているものだ。

同じ日にソウルのワールドカップスタジアムでは、二十三歳以下の日韓代表戦が行われていた。一部の韓国人サポーターが掲げた大きな横断幕には「獨島（竹島の韓国名）は韓国領」「南伐（日本征服）」という文字が書かれていた。

こうした政治スローガンをスポーツの場に持ち込む韓国人サポーターの非常識さは、日韓共催ワールドカップの時点よりも増長していた。サッカーの試合会場に政治的な言動を持ち込むことは許されない。だが日韓ワールドカップの韓国対ドイツ戦で「ヒトラーの息子は帰れ！」というスローガンとともに、ハーケンクロイツをデザインしたゲート旗（サッカーファンが用いる応援スローガンを書いた旗を二本の棒で支えるもの）まで登場したことがある。

韓国には、当時も今も、日本に対する無意味で低俗な挑発が当たり前の風景として存在している。メディアは今もこうした事実を隠蔽する傾向にあるが、当時から比較して今ははるかにネットで広く知れ渡る状況になっている。日経リサーチの調査に見える嫌韓率の増加は、その端的な証拠だろう。重要なことは、日韓両国が客観的・科学的な事実の検証を相互に行い、お互いを相対化することである。しかし致命的なことに、韓国には今もその可能性がほとんどない。

しかも、日本の朝日、毎日、ＮＨＫ、ＴＢＳ、テレビ朝日などのメディアと政治家、文科省の反日官僚、さらに反日活動家が、韓国の反日意識を称揚するマッチポンプの役割を果たしている。

韓国には「日本統治時代を客観的な視点で評価することを拒んだ所から韓国という国

家が生まれた」という事情がある。これが今もまた「心情北派」の韓国人が簡単に北朝鮮による「朝鮮半島の歴史を継ぐ正当性は北にある」という宣伝に騙され続けている理由である。

つまるところ、朝鮮半島が主体的に日本統治を評価しなければ韓国は永遠に歴史の陥《かん》穽《せい》に囚われる、ということなのだ。〈日帝三十六年〉を客観的、科学的視点で評価して日本を相対化しなければ、朝鮮にとって日本は永遠に絶対的に敵として扱う以外になく、正常な関係などは不可能なのである。

韓国が何かにつけて持ち出してくるのは〈日帝三十六年〉であり、韓国にとって反日の頼みの綱はここにしかない。したがって、韓国が〈日帝三十六年〉と呼ぶものがいったい何なのかを、私たち日本人がまず正しく知っておかなければ、実は話にならない。

日韓併合は本当に日本の侵略なのか？

十九世紀朝鮮の末期的状況

一九一〇年（明治四十三年）八月二十九日、「韓国併合ニ関スル条約」に基づいて大日本帝国は大韓帝国を併合した。日本による統治は一九四五年（昭和二十年）九月九日、朝鮮総督府が降伏文書に調印することによって終了する。これが、韓国が〈日帝三十六年〉と呼ぶ期間である。

日本はなぜ韓国を併合したのだろうか。これを理解するには、明治維新前後の日本の状況から見ていく必要がある。十九世紀、世界はイギリス、フランス、ロシアをはじめとする西欧列強の帝国主義時代の全盛にあった。帝国主義国家が推進するのは、軍事力を背景に世界各地を自国の市場としていく植民地政策である。

幕末から明治にかけて、日本の最大の脅威は北からの進撃を見せていたロシア帝国である。一八五三年のペリーの黒船来航、翌年の日米和親条約をもって、よく日本の開国、日本の夜明けなどと呼ばれる。しかし日米和親条約の本質は、アメリカと同盟を結ぶことによってロシアの侵略を防ぐことにあった。

　当時のアメリカは、図体こそ大きいがいまだ小国であり、しかしながらこれから世界の覇権を狙っていこうという新興国だった。その後のアメリカを見れば、当時の江戸幕府の目論みは間違っていなかったことになる。当時、朝鮮は清の属国である。《広大な領土を治めるために行使された中国式の中央集権制を、狭小な朝鮮半島内で本家の中国以上に徹底させるために、世界に類例を見ないほど硬直した官僚国家体制ができあがって》（呉善花『韓国併合への道　完全版』文藝春秋、二〇一二年）しまっていた。《結局は日々政治システムの維持に狂奔することが政治そのものとなっていった》（前掲書）ために、時の李朝政権は、古来数百年、シナの皇帝から任命されてきた「王」としての地位と権威を手放すわけにはいかなかったのである。

　李朝は経済的に破産の間際にあり、崩壊寸前だった。清の属国であるから軍事力はほとんどなく、政権の内紛に明け暮れて行政は麻痺していた。そんな朝鮮が、日本にとってはロシア帝国に対する地政学上の要衝だった。清がロシアに飲み込まれ、朝鮮半島がその手に落ちれば日本は、のどもとに強大な軍事帝国の刃を突きつけられることになる。

清と朝鮮には、毅然としてロシアに対峙してもらう必要があった。維新によって成立した明治政府の朝鮮への対応、ひいては清への対応は、すべてロシア帝国が目論んでいた日本侵略への対策だったのである。

朝鮮を開国した日本

ロシア帝国の極東進出に対する意思の強固さは、アレキサンドル三世の勅諭によって建設されたシベリア鉄道が如実に物語っていた。同盟関係を結びつつあったフランスから資本を得てロシア帝国政府がシベリア鉄道を起工するのは一八九一年である。

極東の終点を日本からわずか八百キロメートルのウラジオストクに決めて、西の起点チェリャビンスクとともに始点と終点の両端から工事を着工し、一応の完成を二十世紀最初の一九〇一年に済ませ、日露戦争の最中の一九〇四年に全線を開通させることになる。総距離は九千キロメートルを超えて、現在も世界最長の鉄道が完成していた。鉄道は、つまり、軍事的輸送のインフラに他ならない。

このきわめて物量文明的なシベリア鉄道をもって、日本にとってロシア帝国の脅威は深刻化するが、その脅威自体については、徳川幕府の時代にすでに日本人は実感していた。ロシア軍艦が対馬を占領した文久元年（一八六一年）のポサドニック号事件がそれで、不凍港の獲得を国益とするロシアは対馬芋崎の租借を幕府に求めた。

しかもそれ以前に、林子平は七十年前の寛政三年（一七九一）にロシアを仮想敵国とする国防論『海国兵談』を自費で刊行していた。だが、林子平は無断で国防を論じた罪で囚われ、自費出版した本の板木まで没収された。しかし翌年ロシア使節が根室に訪れ沿海問題が表面化、次々と外国勢力に直面したので、『海国兵談』は水面下で注目され幕末まで広く伝写され、ペリーの浦賀来航の頃には復刻出版されていた。天才が同時代に理解されないのは歴史の常である。

本書の結論めいたことを先にここで言ってしまえば、朝鮮には林子平はいなかったということなのである。それは林子平と同時代の十八世紀の李朝朝鮮でもそうであり、はるか前の鎌倉時代や平安時代でも、そして明治時代、現在でも同じである。

日本人にとって朝鮮半島から対馬を経由して列島本島に至るルートは、それまでの歴史上最大の侵略危機であった十四世紀鎌倉時代の元寇で蒙古が使用したルートでもあった。地政学の基本的な意味は古来、変化しない。

明治新政府成立と同時に湧き上がった「征韓論」もその目的は西欧帝国主義への対抗策である。西郷隆盛の主君だった薩摩藩藩主、島津斉彬は《清国の崩壊を予想し、西欧の日本植民地化を恐れ、朝鮮を確かな国力を持つ国に仕立て、ロシア、イギリス等の南下を食い止めるべき征韓論をすでに述べていた》（林房雄『大東亜戦争肯定論』夏目書房、二〇〇一年）のだ。

十九世紀の朝鮮は、日本と同様に西欧列強の圧迫を受けていた。当時の朝鮮半島を統治していた李氏朝鮮は大院君政権の下に頑固な鎖国・攘夷政策をとった。海外との通商が始まれば、国内体制に大きな変革が起こらざるをえないからである。列強の干渉に加え、権力争いから国内の政治は安定せず、一八七三年の閔妃一派のクーデターによって大院君は一時追放される。

しかし大院君が再度の復帰を狙って反政府運動を激化させるなどといった混乱が繰り返され、朝鮮国内は混乱の極みに達していた。この李朝末期の朝鮮半島の混乱を振り返れば、賢明な読者なら誰でも想像できるのではないだろうか。すなわち、政治的に混乱し、権力争いの抗争を繰り返す現在の韓国、北朝鮮そのままの姿なのである。

朝鮮半島の混乱は日本列島の安全保障を大きく揺るがす。明治政府も一般の世論も不安を強くしていたことは想像に難くない。そして、日本はついに動く。

江華島事件と呼ばれる日朝間の武力衝突をきっかけとして、一八七六年(明治九年)、明治政府は開国政策に舵をきった閔氏政権との間に日朝修好条規を締結する。条規には、朝鮮は清朝の冊封を受ける属国ではなく、国家主権を持つ独立国であることが明記された。

朝鮮は、日朝修好条規を契機にアメリカ、イギリス、ドイツ、ロシア、フランスの西洋諸国との間に同様の条約を締結した。朝鮮は、否応なく近代化せざるをえない状況となった。いわば、日本が朝鮮を「開国」したのである。

日本はきわめて戦略的に動いていた。西欧列強は《中国や日本に対するようには、李朝の開国に積極的な意図をもっていなかった》《いつでも開国させられるが、いまは頑強な抵抗を屈服させるだけの力を割いている余裕がない、そのために一時的に退却する――それが彼らの情勢判断だった》(前掲『韓国併合への道 完全版』)。

朝鮮は西欧にとってはどうでもいい国だった。しかし、日本にとっては地政学的にもっとも深刻な国だった。だから日本は動いたのである。

結局はシナ（華夷秩序）頼みの朝鮮

日朝修好条規を結び、西欧列強とも条約を結んだ朝鮮に、明治政府は大いに期待したはずである。島津斉彬が考えていたように、これで朝鮮は「確かな国力を持つ国」となるだろう。協力を惜しまず朝鮮の独立をキープし、ロシア帝国の南下を阻止しよう。

しかし、その思惑ははずれるのである。

一八八二年、朝鮮で「壬午事変」と呼ばれる政変が起こる。現在のソウル、当時の漢城で反乱兵士が閔妃一族の政府高官や日本人軍事顧問、日本公使館員らを殺害した。扇動したのは大院君一派である。その主張は「開国独立をやめ、清朝の冊封に戻れ」というものだった。事変を知った時の最大権力者・閔妃は王宮を逃れる。そして、駐屯していた清国の袁世凱に協力を求めるのである。ここがすべてのポイントだ。

つまり、開国したところで朝鮮においては、指導者たちの頼る先は、反乱側も政権側も清国つまりシナだったということだ。現在の韓国そして北朝鮮もまた、結局は中国に救いを求めて中国の言うことをきく。この構図は、数百年来現在まで、まったく変わっていないということである。

清国軍の鎮圧によって壬午事変は収まる。一時は政権を奪取した大院君も反乱の首謀者として清に連行されて幽閉される。政権は閔妃一族が奪還したかたちになるが、これを機にほぼ袁世凱の傀儡政権化してしまう。朝鮮はふたたび清朝の属国であることをよしとする冊封体制へと傾斜していった。大院君一派であろうと閔妃一族であろうと、国家としての結果進路は同じなのだ。それは拙著『21世紀の「脱亜論」』で述べたように、現在の韓国と全く同じだ。親北左翼政権の盧武鉉政権、保守政権の李明博政権、朴槿恵政権、そして現在の金正恩(キム・ジョンウン)のスポークスマンと化した文在寅政権でも、結局、中華帝国を中心とする華夷秩序に還ろうとして冊封を受けることで安住しようとするのである。

話を壬午事変に戻そう。日本に開国してもらったにもかかわらず、清の袁世凱にすがったその二年後、日本からすれば増幅した不安がさらに増す事件が起こる。甲申政変と呼ばれる政変だ。それは、日本にならって朝鮮の独立を志向した、親日的で冊封体制志向の事大派に抗う開化派のクーデターが失敗した、という事件だった。

開化派である独立党の金玉均をはじめとするクーデター勢力は「朝鮮国王をいただく立憲君主国を樹立し、近代化については その協力を日本に仰ごう」という計画を立てていた。

清仏戦争（一八八四〜八五年）の最中という機会をとらえてクーデターは実行に移され、開化派は一時、新政権をたてることに成功する。しかし閔妃が国王と自身の救出を秘密裏に清国に要請。袁世凱の軍隊千五百人が出動し、クーデター軍は鎮圧されてしまった。その結果、一八八五年に天津条約が結ばれた。天津条約は朝鮮における日本の軍隊のあり方と清の軍隊のあり方の取り決めだった。両軍が朝鮮に派兵を行う際の事前通告義務の条項が、その後の日清戦争（一八九四〜九五年）の開戦に深く関与することになった。

韓国併合の歴史的必然性

日清戦争も日露戦争（一九〇四～〇五年）も、日本防衛の地政学的要衝である朝鮮半島をめぐる戦争だった。朝鮮の国力が高まり、独立国としての位置が確保され、ロシア帝国の侵入を許さない国となるならば、それでよかった。

日清戦争後の下関条約で、日本は清に朝鮮が自主独立国であることを認めさせた。ここで千年属国とも言われる朝鮮は、日本の日清戦争の勝利によって華夷秩序の冊封から解き放たれ、初めて独立国家となったのである。

日露戦争で日本は、漢城以北の三十七度線までロシアが撤退するならばそれでよしとして戦争を遂行した。日露戦争後のポーツマス条約の条項の筆頭は「ロシアは韓国（大韓帝国）における日本の政治上・軍事上および経済上の日本の利益を認め、日本の韓国に対する指導、保護および監督に対し、干渉しないこと」であり、満洲からのロシア軍全面撤退だった。

この頃のアジア情勢について、呉善花（オ・ソンファ）氏は、前掲『韓国併合への道　完全版』の中で、アメリカの朝鮮史家グレゴリー・ヘンダーソンの次の言を紹介している。

《深刻化していく朝鮮の無力化に乗じて繰り広げられた、一八八四年から一九〇四年に至る外国勢力らによるシーソーゲームのなかで、改革を志す朝鮮人は、清朝中国はもっとも反動的であり、帝政ロシアの反動ぶりも似たりよったりで、米国は朝鮮に無関心で、韓国政府は無能であると感じていた。ひとり日本のみが、積極的に明治の改革を推進しており、彼らにおおいに訴えるところがあった。日本からは朝鮮に数千人の移住者があり、有効な市場網をはりめぐらせ、もっとも活動的な顧問団を送り、そしてなによりも軍隊を駐留させていた。この時代の大部分の改革者は日本をあてにしたのであり、日本もまた全般的に彼らを支援したのであった》

《ロシアは反動的であり遠かった。これに比べ日本は改革主義的であったばかりでなく、地理的に近く、その文化と言語はロシアほど外国的でなく、その留学生交換ははるかに積極的であり、勝利（日露戦争における・筆者注）の可能性は強かった。他国、とくに中東におけると同様、上からの行政改革とそれにともなう伝統的な社会的均衡の崩壊は、結局、外国の占領を助長することによって食い止められた》

(『朝鮮の政治社会』鈴木沙雄・大塚喬重訳、サイマル出版、一九九七年)

朝鮮国内の状況については、韓国の評論家、金完燮(キム・ワンソプ)氏の次の言が参考になるだろう。

《一九世紀末、朝鮮社会が直面した究極の課題は市民革命、すなわち旧弊な絶対君主制と身分社会を打破して、法と理性が支配する近代的な社会を打ちたてる日本式の維新だった。だが、当時の朝鮮にはブルジョア階級と呼ぶにあたいする層が育っておらず、市場経済、貨幣制度、貿易など経済発展の度合いもきわめて低い遅れた社会であった。したがって朝鮮の市民革命はみずからの力では遂行しえなかった。朝鮮の文明開化に大きな利害をもつ有効的な外部勢力の後援があってこそ達成できるものであり、それにふさわしい国が日本だった。開国いらい朝鮮の自主独立とブルジョア革命を推進した集団には東学、開化党、日本の三つの勢力があり、これに抵抗する反動勢力は王室と両班、清国とロシアがあった》

《一九〇九年、伊藤博文が安重根に暗殺された事件をきっかけとして一進会（開化党の伝統を受け継いだ党・注西村）では韓日合邦を協力に推進しはじめ、日本国内の世論も合併に有利に流れた。一進会が合邦声明書（1909年に大韓帝国2000万人の国民を代表するかたちで100万会員の名で政府に伝えられた声明書・注西村）で指摘しているように。大韓帝国はもはや遺体が残っているのとおなじ状態であり、ひきつづき日本の保護国でいるよりは、合邦によって日本の一部になるほうが有利だった。日本による大韓帝国の吸収合併は順調にすすみ、一九一〇年八月に歴史的な韓日併合条約が締結されるにいたったのである》

（『親日派のための弁明』荒木和博・荒木信子訳、草思社、二〇〇二年）

日韓併合に〈日帝三十六年〉という卑語は適当か

こうして成立し、一九四五年まで存続した日韓併合状態について、現在の韓国人は〈日帝三十六年〉という否定的なキーワードを用いて反日の種にする。帝国主義・日本によって韓国は植民地化され、日本は朝鮮からあらゆるものを強奪していったかのごとくに語り続けている。いわゆる「植民地」政策は、一般的に次のようなことを言う。

《西洋列強が植民地で主として展開したのは、土地の集約的耕作による輸出用換金作物の大規模栽培である。プランテーションと呼ばれる前近代的な大農場で、ほとんど無料の土地で極端に安価な労働力（奴隷労働）を大量に使い、莫大な収益をあげていったのである》

《イギリスは、茶の輸入で清国（中国）へ大量に流出した銀を取り戻すため、インドにケシ栽培を強要して大量のアヘンを中国に密輸し、膨大な利益を得た。さらにイギリスは、アヘンの密輸を取り締まる清国に対して戦争（アヘン戦争）を仕掛け、その結果香港を割譲・租借したのである》

（前掲『韓国併合への道　完全版』）

韓国はこれをどうしても日韓併合に当てはめたいのである。しかし、そうはいかない。呉善花氏が紹介している次の事実だけでも事は足りるだろう。

《朝鮮統治では、最後まで投資過剰の赤字経営が続けられた。朝鮮総督府の統計年報（各年度版）によれば、朝鮮の財政赤字は総額一七億六六五七万円（一九一一～四一年）で、赤字分は本国からの交付金（年間約一二〇〇万円）・借入金・公債でまかなわれた。また貿易収支では総額六億四七〇〇万円（一九一〇～三九年）の赤字である。一九〇〇年前後以降、日本から投入された資本は総額で八〇億ドルにのぼった。

こうして北部には大規模な工場地帯が築かれ、南部では資本主義的な商業が大きく発達し、米産は飛躍的な伸長を遂げた。開拓・干拓・灌漑などの大規模な土地改良、鉄道・道路・架橋・航路・港湾等の交通整備や電信・電話等の通信設備の敷設、近代工場や大規模水力発電所の建設などが全土に渡って展開された。

植林が毎年行われ、一九二二年までに植林された苗木は総計一〇億本にのぼった。併合当時に米の生産高は年一〇〇〇万石だったが、一九三二年には一七〇〇万石、四〇年には二二〇〇万石超と大幅に増産された。

工業生産額は一九二七年～三三年に三億円台、三五年に六億円台、四〇年に一八億円台超。工業成長率は一九一四年～二七年に年平均五・三パーセント、二八～四〇年には年平均一二・四パーセントと急速な成長を続けた。一九三一年には軽工業が工業生産額の六二パーセント、重化学工業（化学、金属、機械）が二五・六パーセントだったが、三九年には重化学工業が逆転している。

一人当りGDPも生活物資の消費量も飛躍的に増大し、一九二〇〜三〇年代のGDPは、年間平均四パーセントほど上昇した（当時の世界の諸国では高くて二パーセント程度の成長率だった）。

特筆すべきは人口が増えたことである。併合時の朝鮮半島の人口は一三一二万名（一九一〇年）だったが、併合後には最終的に二五一二万名（一九四四年）と二倍近くにまで増加している。それほど経済力が成長したのである》

《併合時に一〇〇校ほどしかなかった四年制の普通学校（小学校に相当）は増設の一途をたどった。当初は三面（村）に一校を、次に一面に一校を達成し、一九四二年（昭和一七）には一面に二校を目指し、一九四三年に国民学校（六年制）は総計五九六〇校を数えた。学校ではハングル・漢字・日本語教育を推し進めたので、朝鮮の識字率は一九一〇年に六パーセント程度だったのが一九四三年には二二パーセントへと上昇している。

日本語、朝鮮語、算数、日本史、朝鮮史、朝鮮伝統の修身などの教育を公立学校を中心に展開した。終戦までの数年間、朝鮮語教育が停止されたが、日常的に朝鮮語の使用を禁じたのではない》

《日本統治時代の朝鮮人には日本人と同じに選挙権も被選挙権もあり、国会議員になった朝鮮人もいた。ただし、朝鮮半島に選挙権はなく、選挙権や被選挙権を行使するには日本人も朝鮮人も本土に居住しなくてはならなかった》

《一九四〇年（昭和一五）に施行された創氏改名という措置は、韓国でしばしば主張されているような「朝鮮人の姓名を強制的に日本名に改めさせること」とは、かなり実態を異にするものである。

創氏とは、朝鮮式の「本貫と姓」とは別に、新たに一つの家族名として「氏」を創設する制度であり、すべての朝鮮人に適用された。改名とは、従来の氏名を任意に（日本式のものなどへ）変更できる制度である。（中略）従来の姓名を日本式の姓名に改めなくてはならない、といった定めはどこにもない》（前掲『韓国併合への道　完全版』）

ただし、日韓併合から二十七年後、一九三七年（昭和十二年）のシナ事変勃発を機に急進的な同化政策がとられたことは事実である。これは一般的に「内鮮一体化政策」と呼ばれている。

朝鮮半島で一つの村に一つの神社を建てることの義務化が計画され、参拝が奨励された。「私たちは大日本帝国の臣民であり、天皇陛下に忠義を尽くす」といった内容の「皇国臣民の誓詞」が発布され、学校などで毎日斉唱させるように指導した。

日本と同じ教科書が使われるようになって朝鮮語が学校の正課からなくなり、「内鮮共学」が推進されるのも日中戦争勃発を機としたことだった。徴兵制は戦争末期の一九四五年（昭和二十年）に実施されている。国家総動員法にかかわる労働力提供者の募集が始まったのは一九三九年（昭和十四年）のことであり、一九四二年（昭和十七年）からは役人による労働者斡旋が始まり、一九四四年（昭和十九年）からは日本人同様の労働者徴用が朝鮮人に適用されている。

しかし、これらは戦時体制下だったことに最大の理由がある。呉善花氏が前掲『韓国併合への道　完全版』で述べている通り、《この数年間だけをもって、日本統治の全体を評価することはできない》のである。しかも、日本国民に課せられた義務と同じだ。

こうした歴史的な流れをきちんとおさえるということが、日韓関係を相対化するということだ。この意識も、また意思も韓国側にこそ圧倒的に足りないことは事実だが、日本側においてもまた、たとえば不十分な情報による極端な戦前美化は問題になる。

客観的な事実をまずおさえておくことが、韓国のトリセツを手に入れる第一歩だ。客観的な事実が下敷きにあってこそ、明快な主張も強い批判も有効な妥協もできるのである。

第二章　これが、今現在の韓国の現実と真実だ！

なぜ徴用工訴訟問題の判決で日本企業に賠償責任が？

「徴用工」とは何か

二〇一八年十月三十日、日本の最高裁にあたる大法院が、現在は日本製鉄株式会社に社名変更（二〇一九年）している日本企業、新日鐵住金株式会社に対して韓国人四人へ一人あたり一億ウォン、約一千万円の損害賠償を支払うよう命じた。徴用工訴訟において大法院で結審したのは初めてだから、これは昨日今日始まった話ではない。

そもそも「徴用工」とは何なのだろうか。二〇一八年十一月、安倍晋三首相は衆議院予算委員会で、今後は「徴用工」ではなく「旧朝鮮半島出身労働者」という表現を公式とするとした。つまり、「徴用工」は誤解を含む問題表現だということである。

いわゆる「徴用工」とは、前章でも触れた国家総動員法（一九三八年制定）にもとづき、終戦間近い一九四四年の九月から日本人同様に労働者徴用が適用され、労務動員された朝鮮人のことを指している。韓国の反日意識を象徴するような「強制連行」という言葉はこのことを言っている。

徴用工訴訟問題は、戦後補償の問題である。戦後補償とは普通は戦争行為によって損害を与えられた人々、主に被害者個人に対してなされる補償のことを言う。しかし、日本と朝鮮は戦争をしていない。にもかかわらず、一九六五年の「日韓請求権協定」によって「日本による韓国に対する戦後補償については完全かつ最終的に解決」している。

問題は、この「日韓請求権協定」を韓国政府が国民に周知させなかったことにある。協定に「戦後補償は完全に解決された」「一九四五年八月十五日以前に生じたいかなる請求権も主張もすることができないものとする」と明記されていることを、韓国国民がはっきりと知ったのは、なんと二〇〇九年になってからのことだ。ソウル行政裁判所が情報公開をして初めて知る人が多かったのである。

韓国政府の公式な認識はこうである。「補償問題は一九六五年の日韓国交正常化の際に日本政府から受け取った『対日請求権資金』ですべて終わっている」。「慰安婦問題も含めた今後の補償や賠償請求は、韓国政府への要求となる」。つまり、いわゆる「徴用工」が訴訟するのは自由だが、それは韓国政府に対してである、ということだ。

しかし、韓国の司法は非常に独特だ。時の大統領府に有利な判決を出しもするし、またその反対に大統領降ろしとしか言えない判決を出し、時の世論におもねる判決も出す。確かに仕組みのうえでは三権は分立しているらしいが、国家権力を分散するための三権分立は韓国には存在しない。

韓国政府が元徴用工の対日補償請求はできないと表明していたにもかかわらず、二〇一二年、韓国大法院は、元徴用工八人が三菱重工業と新日鐵住金を相手に起こした損害賠償請求訴訟を初めて認めたのである。

徴用工訴訟が成立する理屈

二〇一二年当時の韓国大統領は李明博（イ・ミョンバク）である。実兄が収賄容疑で逮捕されたことで低迷する人気を回復するためではあるにせよ「竹島上陸」などで知られるように、部分部分できわめて反日色の強い大統領だった。

徴用工訴訟を初めて認めた時の韓国大法院の理屈はこうである。「一九六五年に締結された日韓請求権協定は日本の植民地支配の賠償を請求するための交渉ではないため、日帝が犯した反人道的不法行為に対する個人の損害賠償請求権は依然として有効である。

消滅時効が過ぎて賠償責任はないという被告である日本企業の主張は信義誠実の原則に反して認められない」。

徴用工訴訟は韓国の裁判所だけでなく、日本国内の裁判所でも起こされていた。しかし日韓請求権協定が根拠にあるから勝てるはずはない。このことについて韓国大法院は、「日本の裁判所の判決は植民地支配が合法的だという認識を前提としたもので、強制動員自体を不法と見なす大韓民国憲法の核心的価値と正面から衝突するため、その効力を承認することはできない」とした。

これを機に、「日本企業」を相手取った「韓国内」での徴用工訴訟が続発する。二〇一三年二月には、富山市の機械メーカー不二越に強制動員被害者として十三人とその遺族が計十七億ウォン（約一億五千万円）の賠償訴訟をソウル中央地裁に起こした。同年三月には、日本製鐵釜石製鉄所と八幡製鐵所に〈強制動員〉されたとして八人が、新日鐵住金に八億ウォン（約七千万円）支払いの損害賠償請求訴訟をソウル中央地裁に起こした。

ソウル中央地方裁判所は、支払い判決を次々に出した。二〇一六年、新日鐵住金に対し元徴用工遺族らに計約一億ウォン（約八百九十万円）の支払いを命じ、三菱重工業に対し元徴用工遺族ら六十四人に被害者一人あたり九千万ウォン（約八百万円）ずつの賠償を命じた。

そして二〇一八年の結審に至るわけだが、しかし、この間、つまり二〇一三年以降、訴訟は起きても大法院は結審に動かなかった。ここに、今現在の徴用工訴訟問題を読み解く鍵がある。

政治を行なう大法院

李明博大統領が任期を全うして退任した後、二〇一三年から任期途中で弾劾により辞任を余儀なくされた二〇一六年まで大統領の座にあったのは朴槿恵だった。朴槿恵は、韓国の経済成長を開発独裁で達成した朴正熙（パク・チョンヒ）大統領の長女だ。グルノーブル大学留学中の一九七四年、朴正熙大統領が北朝鮮工作員の在日朝鮮人、文世光の暗殺事件に見舞われ、父は無事だったが流れ弾が母を死亡させ、その後ファーストレディとしての役割を果たすのだが、父親も一九七九年に暗殺される悲劇的な宿命を負って政界入りした。

親米路線をとった父、朴正煕の娘と批判されることもあり、親米路線をとったものの、反日・親中路線に傾斜した大統領だった。経済面から、李明博大統領時代に日本大使館前の慰安婦像設置で悪化した日韓関係の修復をにらんでいた。それでも、中国共産党の第二次大戦終結七十周年式典に西側諸国の首脳として参加するなど、日本はもちろんアメリカにも理解不能な行動を取っていた。

ただ、彼女には徴用工訴訟問題を大きなものにはしたくなかった分別もあった。それは、父の朴正煕大統領が心血を注いで実現させた日本との国交正常化、日韓基本条約を無視することになることを知っていたからだ。朴槿恵は徴用工への賠償を命ずる判決を、北朝鮮勢力に乗っ取られた韓国司法が出すことを予見して、最高裁判決を政治的力で先延ばしさせていたのである。というのも、李明博前大統領が任期終了間際に「日本に対して慰安婦の賠償請求をしないのは憲法違反」という世にも不思議な判決を最高裁が出していたからである。

保守派の大統領である李明博も、政治権力をもってしてもジュネーブ条約違反である外国公館への不法な圧力に相当する、日本大使館前の慰安婦像設置を止めることができなかった。

朴槿恵は証拠がないタブレットの職務権限違反に当たるメール問題で糾弾された。韓国内でもフェイクニュースによる政権攻撃だったという情報関係者も多い。しかし、親北左派や北朝鮮工作員が扇動する蝋燭デモが韓国中に拡がり、朴槿恵は徐々に追いつめられ、ついにはサムソン・グループからの収賄容疑で大統領権限停止処置となった。その間、黄教安（ファン・ギョアン）が大統領臨時代行を務めた後、二〇一七年五月に文在寅が大統領に就任した。

文在寅は二〇一七年九月、金命洙（キム・ミョンス）という人物を大法院長に任命した。金命洙は大法院判事の経験がない。大法院判事の経験なく大法院長に任命されるのは前例のないことで、つまり大抜擢である。

金命洙は、「ウリ法研究会」という組織の会長経験者である。「ウリ法研究会」は、「親北朝鮮」および「反日・反韓国」思想ばりばりの裁判官集団だ。つまり、現在の大法院は、文在寅の政策のためにあると言えるだろう。

二〇一八年十月三十日の徴用工訴訟を目前にした十月二十七日、韓国検察は林鍾憲（イム・ジョンホン）という、朴槿恵政権時代に法院行政所（大法院附属機関）次長の地位にあった人物を逮捕した。朴槿恵大統領およびその政権の意向をくんで徴用工訴訟の進行を遅らせるよう大法院内で画策したという職権乱用罪の容疑である。

前述したように、こういった流れから何が見えてくるだろうか。「今の韓国はすでに北朝鮮だ」ということである。

親北朝鮮の文在寅大統領がいて、親北朝鮮の大法院がある。徴用工訴訟問題はこの流れの中で進行している。

なぜ韓国人が北朝鮮に思いを寄せるのだろうか。国としてのレジティマシー（正統性）の問題が理由である。朝鮮は一八九七年、大韓帝国として独立の帝国を築いた。それが日清戦争による日本の勝利による下関条約から起こったものであることは前章でも述べた。

大韓帝国は日韓併合によって消滅するが、わずか十三年ほどの独立であったとしても朝鮮人はこの帝国に執着がある。そして、この大韓帝国、李氏朝鮮という伝統的な朝鮮国家を正統に引き継いでいるのは誰か、ということを考えた時に、北朝鮮の金王朝が立ち現れてくる。

大韓帝国つまり伝統的な朝鮮の正統な後継者は北朝鮮であり、韓国はアメリカによってつくられた傀儡国家にすぎない、と北朝鮮は考えている。そして、そう考えている韓国人は少なくないのである。

三一記念日と上海臨時政府という「神話」

韓国人がいかにレジティマシーを欲しがっているか、そのいい例が、二〇一九年三月一日にソウルで大々的に開催された「三・一独立運動百年記念式典」だった。「三・一独立運動」とは、日韓併合時代の一九一九年（大正八年）三月一日に朝鮮で発生した大日本帝国からの独立運動である。

アメリカ大統領のウッドロー・ウィルソンが前年に発表した「十四か条の平和原則」に含まれる民族自決の原則のスローガンが契機となったとされている。天道教という宗教団体の長・孫秉熙（ソン・ジョンヒ）ら三十三名が独立宣言を発表し、運動は朝鮮半島全域に広がったという。

独立宣言には「朝鮮の独立によって日本、そしてそこに住む人々との間に正しい友好関係を樹立する」といった内容もあり、当初はデモやストライキなど平和的な運動だったらしい。ただ、次第に警察署や村役場、小学校などが襲われるようになり、放火や投石、暴行など暴徒化していったということも伝わっている。

呉善花氏は、「三・一独立運動」がなぜ起こったか、について次のように述べている。

《李容九（日韓併合を推進した朝鮮の政治家・注西村）らが日韓合邦運動を進めたのは、李朝―韓国の政治指導者層に対する根底的な不信があったためである。

かといって彼らは日本政府を信じて運動を進めたのではない。あくまで日韓合邦から大東亜の合邦へという自らの理想をもって進めたのである。彼らが頼りにしたものがあったとすれば、そうした方向に共感を寄せる日本の民間志士やジャーナリズムに表されていた民意・民情だったと思う。

彼らはそうした民意・民情が国家意思を大きく包括し、合邦国家内部で民族の尊厳が確保されるものと考えたのだろう。
しかしながら、併合後には、東学＝天道教の指導者孫秉煕が三・一独立運動後の予審調査で述べているように、「日韓併合の際の勅語には一視同仁とあるのに併合後朝鮮人は常に圧迫を受けて……」という現実がもたらされたのである。

民意・民情は、韓国人を二級国民とする国家意思に大きく左右されざるを得ず、「良心的な日本人」が多数あったにせよ、それをもってするだけでは、民族の尊厳を十全に確保することはできなかったのである。だからこそ三・一独立運動が起きたのであり、そこで提起された「民族自決」に大きく影響されて、李承晩らによる上海臨時政府が生み出されたのである》

《ようするに、韓国の知識人中枢は、併合後一〇年の体験を通してようやく、近代民族国家の成立のほかに民族自立を確保することが不可能なことを自覚したのである》
（前掲『韓国併合への道完全版』）

こうした背景を持つ「三・一独立運動」を現在の韓国はどうとらえているだろうか。

二〇一九年三月一日のソウルでの集会の様子を産経新聞が次のように伝えている。

《ソウル中心部の光化門（クァンファムン）広場で開かれた式典では、文在寅（ムン・ジェイン）大統領が約1万人の市民を前に演説。文氏は独立運動当時、朝鮮人の10％が逮捕され多数が死傷したにもかかわらず、朝鮮人の攻撃で負傷した日本人は一人もいなかったと平和的な運動だったことを強調した。

さらに、「歴史の立て直しこそが重要であり、親日清算が課題である」と指摘。ただ、「親日清算も外交も未来志向的であらねばならない」と訴えた。

式典では三・一運動の象徴的な女性の独立運動家で、当時、運動後に獄死した柳寛順（ユ・グァンスン）に文氏から「建国勲章大韓民国章」が授与された。また、独立運動家の子孫や、元慰安婦の女性、いわゆる徴用工だったと主張する人々も参加。国民の代表として行進した。

ソウルをはじめとした韓国全土で、この日、さまざまな記念行事が行われた。正午には、独立運動当時を再現し、全国で韓国国旗を振り、「万歳！」が連呼される。

式典が行われた広場は、2016〜17年に朴槿恵（パク・クネ）前大統領の退陣を求める大規模な市民集会が行われた場所。集会には当時、文氏も参加しており、朴氏の罷免、逮捕につながった。今回、式典の会場に選ばれたのは文氏の意向という。

独立運動記念日に合わせ、韓国政府は受刑者ら計4378人を特別赦免した。特赦の対象には慰安婦問題をめぐる日韓合意に抗議し摘発された活動家らも含まれている》

（『産経新聞』二〇一九年三月一日）

すべてが一緒くたになって「三・一独立運動」を神話化していることがよくわかるだろう。「三・一独立運動」が目指したのは大韓帝国の再興だったが失敗に終わった。だからこそ北朝鮮は、失敗に終わった「三・一独立運動」を「ブルジョアの甘ちゃんのどんちゃん騒ぎ」などと批判し、否定する。

「三・一独立運動」にともなって国内外の独立運動家が集まり、上海につくったのが「上海臨時政府」あるいは「大韓民国臨時政府」と呼ばれる名ばかりの亡命政権だった。二〇一九年はこれの百年記念にもあたっていた。

大韓民国臨時政府は、中国政府からの支援金を財源として運営されていた政府だったが、当時の国民党は正式な政府として承認はしていない。承認する動きもあったが、アメリカが承認拒否したことで可能性はなくなり、そのまま戦後を迎えることになる。

第二世界大戦の勝利国である連合国は朝鮮の即時独立を否定し、朝鮮の独立問題はアメリカによって連合国（国連）総会案件となる。総会の結論は、選挙可能な南朝鮮で総選挙を実施して政府を樹立する、というものだった。朝鮮半島の南北分離は、連合国（国連）によって決められたのである。

一九四八年五月に連合国（国連）監視下で南朝鮮単独選挙が実施され、八月十五日に大韓民国政府が樹立する。残った朝鮮地域つまり北朝鮮でも選挙を経て九月九日に朝鮮民主主義人民共和国が建国される。

つまり、朝鮮半島は、古来より外圧によって右往左往し、国のかたちまで他国によって決められてきた国なのである。韓国が「民族」ということをいかに強調するか、「ルーツ」ということに神経症的か、そして北朝鮮がいかに頑なに核脅迫を行って金王朝を存続させ続けるか、これをもってもよくわかるだろう。

韓国が「三・一独立運動」と「上海臨時政府」の記憶を後生大事にし続けることと、北朝鮮が「大韓帝国」の李王朝と金王朝の連続性と、抗日ゲリラ戦を戦った金日成（キム・イルソン）が建国したと夢見ることとは同じである。歴史ではなく、日本と戦って建国したという神話にすがるのが実際にはアメリカとソ連が建国した南北朝鮮だ。

「徴用工」の演出

韓国がいわゆる「強制連行」の悲惨さを訴えようとする時に必ず使ってきた写真がある。狭い炭鉱の中で裸で寝そべり、つるはしを懸命に使って岩を掘っている男性の写真だ。二〇一八年には、韓国紙・朝鮮日報の電子版が「強制連行」について報じた記事でこの写真を使った。「採炭作業を行う朝鮮人」として報じたのである。

この写真が、戦前の労働徴用とはまったく関係がなく、朝鮮人ともまったく関係がないことがわかっている。二〇一九年四月三日、産経新聞が次のように伝えた。

《いわゆる徴用工問題をめぐり、長崎市の端島《はしま》（通称・軍艦島）で過酷な戦時労働を強いられた朝鮮人だと韓国で流布している写真が、実際は戦時徴用とは関係がなく、昭和36年に福岡県内の炭坑で撮影されたことが３日、分かった。撮影者が産経新聞の取材に明らかにした。（奥原慎平）

天井の低い坑道に横たわりながら、ツルハシを使って掘り進む男性が被写体となった写真は、日本写真家協会名誉会員の斎藤康一氏（84）が撮影した。斎藤氏によると、昭和36年夏、筑豊炭田（福岡県）を取材で訪れ、炭坑内で採掘している男性を撮ったという。写真は週刊誌「新週刊」（36年10月19日号）＝廃刊＝などに掲載された。

戦後16年が経過していたため戦時徴用はあり得ず、斎藤氏は男性について「日本人だった」と証言した。

韓国メディアや韓国の書籍は、軍艦島での強制労働に動員された朝鮮半島出身者の実態を裏付ける資料として、この男性の写真を多用している。戦時動員した日本の加害性を訴える目的で設立された韓国・釜山の国立日帝強制動員歴史館もパネル展示した》

（『産経新聞』二〇一九年四月三日）

歴史的事実などにはまったく興味がないことが、韓国で流布する情報の特徴である。これは中国も同様だ。目的が先にあり、その目的のためには話を捏造することに躊躇しない。

そしてその方法はあまりにも浅はかである。ありあまるほどの事実の中にわずか一点のぴりりと効いたウソを紛れ込ませるのが宣伝工作の基本だが、そんな意識はみじんもない。そしてこれは、日本がなめられていることの証左でもある、ということは知っておくべきだろう。

レーダー照射問題は攻撃レーダー照射

応答しなかった韓国海軍駆逐艦

事件が起こったのは、能登半島沖の日本海である。日本の排他的経済水域（ＥＥＺ）内だ。公海上だから、韓国軍の船がいることに問題はない。しかし、訓練でもないのに駆逐艦がいるのはおかしい。

二〇一八年（平成三十年）十二月二十日十五時頃、韓国海軍の駆逐艦「広開土大王」（クァンゲト・デワン、DDH－971）が、海上自衛隊のP－1哨戒機に対して火器管制レーダーを照射した。

火器管制用レーダーはミサイルを発射する際に対象を捕捉するために使われる射撃管制用レーダーである。攻撃を前提としなければ照射はありえない。防衛省の発表によれば、「P－1（海上自衛隊哨戒機）は退避行動を取り、駆逐艦に意図を尋ねたが、応答はなかった」。

状況に関しては朝日新聞が同日、かなり詳しく報じている。

《P1哨戒機は海自厚木航空基地（神奈川県大和市、綾瀬市）の第4航空群の所属で、1機で通常の警戒監視活動中だった。洋上に韓国海軍駆逐艦と韓国海洋警察庁の警備救難艦各1隻がいるのを確認。駆逐艦上で、砲弾やミサイルを発射する前に狙いをつける火器管制レーダーが動いているのを目視で確認した。駆逐艦は大砲を備えているほか、対空ミサイルを搭載することも可能という。

駆逐艦が見えない距離まで遠ざかった後に、自機に向けた照射を機器で感知した。退避行動を取った上で、無線で駆逐艦側に意図を問い合わせたが、応答はなかったという。政府関係者によると、照射は約5分続いたという。砲身は向けられていなかった。

この時の警戒監視について防衛省は「国際法に基づいて安全な高度と距離を保って活動した」としている》

（『朝日新聞デジタル』二〇一八年十二月二十一日）

事件の起こった翌二十一日の夜、岩屋毅防衛相が防衛省で緊急の記者会見を開いた。「レーダー照射は、不測の事態を招きかねない極めて危険な行為だ」と批判し、「日韓防衛当局の連携は北朝鮮問題などで重要であるにもかかわらず、今回のような事案が発生したことは遺憾だ」と述べた。

日本が悪いと言い出す韓国

韓国側は日本の防衛省の抗議に対してまず、「哨戒機の追跡が目的ではなく、遭難した北朝鮮船捜索のため」の火器管制レーダーの使用だとし、その後、レーダー照射そのものを否定した。事件直後数日間の韓国側の反応は、同年十二月二十五日の産経新聞にまとめられている。

《防衛省は25日、韓国海軍駆逐艦が海上自衛隊のＰ１哨戒機に火器管制レーダーを照射した問題で、韓国国防部が「一切の電波放射はなかった」と説明していることに対し「火器管制レーダー特有の電波を、一定時間継続して複数回照射された」と反論する声明を発表した。

岩屋毅防衛相は記者会見で「極めて遺憾だ。韓国側に再発防止を強く求めていく」と改めて強調した。一方「日韓関係は非常に重要だ」とも述べ、防衛当局間で再発防止に向けた協議を行う考えを示した。

声明は、電波放射を否定する韓国側の発表について「事実関係の一部に誤認がある」と指摘。「海自Ｐ１が収集したデータを基に電波の周波数帯や電波強度などを解析した結果、火器管制レーダーの照射を受けたことを確認した」としている。

また、韓国側がＰ１が韓国駆逐艦の真上を低空飛行する「特異な行動」をとったと説明していることについても「海自Ｐ１は国際法や国内法を順守し、駆逐艦から一定の高度と距離をとって飛行した。駆逐艦の上空を低空飛行した事実はない」と否定した。Ｐ１は３つの周波数を使い、駆逐艦に英語で計３回呼びかけ、レーダー照射の意図の確認を試みたことも明かした。

岩屋氏は会見で、韓国側がＰ１からの呼びかけについて「通信感度が微弱だった」としていることについて「３種類の周波数を使い、当日の天候も悪くなかった。そう遠距離からでもないので、微弱ということはないのではないか」と疑義を呈した》

（『産経新聞』二〇一八年十二月二十五日）

つまり、韓国側は「日本側に責任がある」と言い出したのである。十二月二十八日、防衛省は韓国海軍駆逐艦による火器管制レーダー照射の映像を公開した。

《映像によると、Ｐ１は５キロと８キロの距離から２回照射されている。Ｐ１は最初の照射を受け、回避のため右に旋回して距離をとった。状況確認のためもう１度近づいたところで再び照射を受けた。
映像にレーダー音は入っていないが、レーダーの電波を音に変換してヘッドホンで聞いていたP1の乗組員が反応する様子が出ていた。また照射時間については、防衛省によると「それぞれ数分間」に及んだ。自衛隊幹部は「意図的な照射であることは明白だ」と指摘する。
映像には、P1から駆逐艦に対し「韓国海軍艦艇、艦番号971」と英語で計3回呼びかけ「貴艦の行動の目的は何か」とレーダー照射の意図を確認する場面も収められている。駆逐艦からの応答はなかった。韓国側は「通信強度が微弱で『コリアコースト』という単語だけを認知した」としているが、そうした場面はなかった》
（『産経新聞』二〇一八年十二月二十八日）

これを韓国側は、「単に哨戒機が海上で旋回する場面とパイロットの会話シーンだけが収録されたものに過ぎない」とした。客観的な証拠にはならないというのである。
そして、二〇一九年に入り、韓国側の一方的な反論が始まる。その様子は、いわゆる

「逆ギレ」とも言うべきものだった。

《韓国海軍の駆逐艦が海上自衛隊哨戒機に火器管制レーダーを照射した問題で、韓国国防省は2日、海自機が駆逐艦に「威嚇的な低空飛行」をしたとして謝罪を求める声明を発表した。

国防省は「動画で見られたように、韓国軍が当時、公海上で遭難漁船を救助している人道主義的な状況で、日本の哨戒機が低空威嚇飛行をした行為自体が非常に危険な行為だ」と主張。さらに、韓国艦は哨戒機にレーダーを照射していないと強調し「日本はこれ以上、事実を歪曲する行為を中断し、救助活動中だった韓国艦艇に危険な低空飛行をしたことを謝罪せねばならず、実務協議を進めることを求める」と訴えた。

また、「動画公開に加え、1日には高位級の人物までがテレビのインタビューで一方的な主張を繰り返したことに深い遺憾を表明する」とも批判した》

（『産経新聞』二〇一九年一月三日）

そして、一月四日、韓国側は反論動画をＹｏｕＴｕｂｅに公開する。しかしこれが反論動画といえるものかどうかは疑問だ。四分ほどの動画の内、韓国側のオリジナル映像は十秒程度、あとは、日本が送った防衛省の公開映像でまとめられたものだった。

興味深いのは、この映像には、戦争映画か！　とツッコミたくなるような盛り上げ演出ＢＧＭがつけられていたことである。繰り返しになるが、韓国にとって重要なのは事実ではない。演出し倒し、騒ぎまくった相手が疲れてしまうのを待つのである。

セオリー通りの韓国の反論動画

韓国国防部が公開した動画はまず、「日本は人道主義的な救助作戦の妨害を謝罪し、事実の歪曲を今すぐやめるべきだ」としている。

「哨戒機はなぜ、人道主義的な救助作戦の現場で低空威嚇飛行をしたのか」とし、「日本が公開した映像を見ると、哨戒機も救助の状況を認識していた」として、「救助作業中の艦艇に非紳士的な偵察活動を続け、駆逐艦『広開土大王』の人道的な救助作戦を妨害する深刻な威嚇行為を行った」としている。

あからさまだが、国際世論に最も伝わるのは「人道」をテーマとする事案だということを韓国はよく知っている。「人道」を持ち出せば何も文句をつけられないだろう、謝るしかないだろう、という戦略が、先の「徴用工訴訟」であり、いわゆる「従軍慰安婦」であり、韓国は一貫してこの、お涙頂戴の作戦をとる。

恥知らずは承知の上だ。慰安婦像設置のアメリカでの展開、オーストラリアでの展開を見れば、それは効き目があるのである。

一月六日、『ソウル聯合ニュース』は次のように伝えている。

《遭難した北朝鮮の船舶を捜索する過程で発生した韓日間の「レーダー問題」が国際世論戦に発展しそうだ。韓国国防部関係者は6日、海軍の人道的救助活動を威嚇した日本の不当な行為を海外に知らせるため、日本語や中国語など計8言語の映像を制作して公開すると伝えた。

同部は既に、海上自衛隊の哨戒機が韓国海軍の駆逐艦から火器管制レーダーの照射を受けたとする日本の主張に反論する映像（韓国語版と英語版）を動画投稿サイト「ユーチューブ」の同部チャンネルに掲載している。

　同映像の再生回数と書き込みは爆発的に増えている。これに加え多くの言語で制作した映像を公開すれば、国際的な話題性が高まるのは必至だ。

　国防部は海軍駆逐艦が海上自衛隊の哨戒機に向け火器管制レーダーを照射していない事実を世界に知らせることに力を入れる方針だ。同部高官は「既に公開した韓国語版と英語版のほか、日本語、中国語の映像も制作している。さらに、フランス語、スペイン語、ロシア語、アラビア語もつくっている」と説明した。

　国防部は4日に公開した映像で、「広開土大王艦（駆逐艦）は正常な救助活動をしており、わが軍が海上自衛隊の哨戒機に向け火器管制レーダーを運用（照射）していないという事実は変わりない」と説明した。新しく制作する映像はこうした立場が強調されるという。また、海上自衛隊の哨戒機が韓国駆逐艦まで500メートルの距離まで接近し、上空150メートルで威嚇飛行をしたことも訴える。

　国防部は「当時、乗組員は騒音と振動を強く感じるほど、威嚇的だった」と強調する》

（『ソウル聯合ニュース』二〇一九年一月六日）

これに対して日本側は一貫して、「事実の追求」という立場をとる。これが国際社会的に成功策となるのかどうかは別問題だが、とにかく日本側は断固として事実追求の姿勢をとった。

防衛省は、レーダー照射の決定的証拠となる電波情報を韓国側へ提示する用意があると発表したが、韓国政府はレーダーの周波数を含むデータの提供を拒否している。一月十四日に第二回めとなる実務者協議が行われたが、韓国側はデータの情報交換をあらためて拒否した。

そして、一月二十一日の、「本件事案に関する協議を韓国側と続けていくことはもはや困難」という日本側の異例の声明となるのである。

産経新聞が次のように伝えている。

《「これ以上協議を継続しても真実の究明に資するとは考えられない」

防衛省が21日に公表したレーダー照射をめぐる「最終見解」はこう強調した。防衛省幹部も「日本側の主張が真実だが、これ以上は水掛け論が続くだけで意味がない」と語る。
レーダー照射後に行われた2回の日韓実務者協議で、日本側は哨戒機が探知したレーダー波と韓国駆逐艦のレーダー使用記録を同時に開示するよう提案した。相互の情報を突き合わせることが事実解明の唯一の方法だからだ。しかし、韓国側はこれを拒否した。
それればかりか、日本側の提案を「無礼」と外交上異例の表現で批判し、非公開の合意を破って協議内容を一方的に公表した。「韓国の乗組員が脅威と感じる雰囲気であったという部分は、日本側が一部認めた」などと事実に反する見解も示した。政府は「不実の相手」（防衛省幹部）にまっとうな対話はできないと判断し、協議打ち切りを韓国側に突きつけた》
（『産経新聞』二〇一九年一月二十一日）

そして、案の定と言うべきだろう、北朝鮮が登場してくる。

「人道」を利用する朝鮮半島

北朝鮮がネットメディアを使って対日共闘を韓国に呼びかけたのは二月四日のことだ。

産経新聞が次のように伝えている。

《北朝鮮の韓国向け宣伝サイト「わが民族同士」は4日、韓国駆逐艦による海上自衛隊哨戒機へのレーダー照射をめぐって日韓が対立している問題を記事で取り上げ、「朝鮮半島の平和の雰囲気を壊してわが民族への再侵略野望を実現しようとする日本反動らの凶悪な計略が明るみに出た」と安倍晋三政権を非難した。

日本を「民族の団結を阻む、がん的存在」だと指摘。「全同胞は日本反動らの対朝鮮敵視政策と再侵略野望を断固粉砕すべきだ」と韓国に向けて対日共闘を呼び掛けた。

韓国のいわゆる徴用工訴訟で日本企業に賠償を命じた最高裁判決に関しても、北朝鮮は賠償に応じない日本側を繰り返しメディアで批判しており、日韓対立に便乗し、日韓の離間をあおるのが狙いとみられる。

朝鮮中央通信は4日、ここ数年、日本海沿岸に漂着した北朝鮮漁船の船員らを日本が保護・送還してきたことに対し、北朝鮮の赤十字会中央委員会が「人道的幇助を提供してくれた日本当局に謝意を表した」と報じた。安倍政権を非難する一方で、人道上の問

題などでは対話に応じる余地があることを示唆した形だ》

（『産経新聞』二〇一九年二月四日）

朝鮮半島の構図というものがよくわかる記事である。南北朝鮮は「日帝三十六年」を共有して当然のキーワードとしている。そして、戦後も続く日本の「非人道」を仮想敵として南北が歩み寄ることは、国際世論も納得がいくだろうということだ。そして最終的には北朝鮮が韓国を飲み込むのである。現実的に国家体制として南北が統一されることはまずないだろう。

しかし、すでに述べたように、文在寅政権と大法院、つまり韓国の行政と司法はすでに北朝鮮の手に落ちている。レーダー照射問題の推移から、実はこうした問題が見えてくるのである。

韓国の情報空間から読み解く韓国人の正体

韓国人が熱狂した北朝鮮の核実験成功

韓国の情報空間というものがきわめてよくわかる事例がある。二〇〇六年（平成十八年）十月六日、北朝鮮が初めて核実験を行った。その時期の韓国の状況だ。

十月六日は、奇しくも日韓首脳会談が行われた日でもあった。当時の日本の総理大臣は安倍晋三である。第一次安倍政権だった。韓国の大統領は盧武鉉である。

安倍首相（当時・以下略）は日韓共同で北朝鮮核実験に対する抗議声明を出そうと提案した。ところが盧武鉉大統領（当時・以下略）は安倍首相の話を遮り、「靖国問題」をはじめ歴史認識問題を滔々と語りだしたのである。

日韓共同の記者会見は見送られた。韓国政府は一応、北朝鮮核実験を非難する声明を出すには出した。しかし、どこまで本気か分からないものだった、というのは、韓国の国民もまた妙な反応を示したからである。

韓国のネット上には北朝鮮の核実験を称揚する書き込みが相次いだ。「七千万人の民族が慶祝すべき日」などというメッセージが踊っていた。当時の書き込みを少々ここに列挙してみよう。

「今や我が民族も核を保有し、強大国に仲間入りした」

「すぐにも国慶日に指定しよう」

「核を盾に弱小国から強力な民族に成長しよう」

「韓民族が核主権国家として世界にそびえ立つことになった」

「核兵器の保有でわれわれも強大国になった」

「民族の自負心を高める慶事」

韓国の国民は、北朝鮮の核実験をまるで祖国の慶事であるかのように祝福していた。もちろん、韓国のネット上には韓国世論を親北朝鮮勢力に誘導する北朝鮮サイバー部隊の書き込みが当時も溢れていたし今も溢れている。北朝鮮によるサイバーテロももちろん行われていた。

しかし、そんな状況を差し引いたとしても、韓国・朝鮮人の民族主義を煽った文言があまりにもあからさまに書き連ねられていたのである。

盧武鉉大統領は同年九月十四日に訪米し、首脳会談を行った。共同声明の発表がない異例の会談で、しかも会談時間は実質十分にも満たないものだった。

これらの事実から明らかなように、二〇〇六年（平成十八年）の九月～十月の一カ月間に相次いで行われた韓国大統領と米日首脳とのそれぞれの会談はほとんど無意味なものだった。迷走を続ける盧武鉉政権のパフォーマンスに過ぎなかったのである。そしてそれは、今も混乱し続けている韓国社会をそのまま投影した外交だった。

当時の韓国の混乱の原因を、金大中政権以来続く左翼親北の政治姿勢に求めるのは簡単である。しかし、病根はもっと深いところにある。

原因は左翼政権十年の失政だけにあるのではない。その失政自体さえ、韓国が抱えた社会的・文化的・歴史的背景から生み出されたものだからだ。つまり、重層的に、文化人類学的なアプローチからも、韓国という国家は読み解かれなければならないのである。

まさに韓国ファンタジーランド

二〇〇五年（平成一七年）に韓国で八百万人の観客を動員し、数々のハリウッド映画を押さえてこの年の韓国内興行成績一位になった映画がある。『トンマッコルへようこそ』（監督パク・クァンヒョン）という作品だ。

日本でも翌年の十月に公開された。当時の日本はすでに述べたように〈韓流ブーム〉の真っ最中だったが、まったくヒットせず興行的に大失敗に終わった。

韓国で空前のヒットをしたこの映画『トンマッコルへようこそ』に、現在もまた変わることのない韓国の混乱と、不安な北東アジアの情勢を透視できるものが凝縮されているのである。そしてそれは決して、日本と無関係なものではない。

『トンマッコルへようこそ』は、朝鮮戦争を舞台にした映画である。しかし決して戦争映画ではなく、〈戦争〉はただの素材に過ぎない。『トンマッコルへようこそ』が描いているのは一種のファンタジーだ。

問題なのは、『トンマッコルへようこそ』には、どうせファンタジーなんだから、として見過ごしてはならないものが含まれているということである。この映画をどう観るかによって、正当な歴史観はもとより、安全保障上のリアリスティックな視点がその人にあるのかないのかわかってしまう。ファンタジーと現実との関係を考える上では極めて示唆的な映画であったと言えるだろう。

ファンタジーとして成功し得る〈作品〉には特徴がある。現実とどこまで真剣に向き合わなければならないのか、どこまで現実と関われるのかと、つくり手が自ら問う強靭なリアリティが成功の大前提だ。後で詳しく述べるが、『トンマッコルへようこそ』は、そんな芸術上の真理をはずせば失敗作となることを証明している作品でもある。

『トンマッコルへようこそ』のあらすじはこんな具合だ。韓国の僻陬《へきすう》の地にある架空の村「トンマッコル」では、村人たちが自然と一体となった幸せな暮らしを営んでいた。済州島のトルハルバンという巨大な地蔵のような石像が村の守り神で、まるで宮崎駿のアニミズム的世界のパクリのようでもある。ここでは敢えてそれを問わずにおく。

そして、この平和な村「トンマッコル」に迷い込んだ2人の韓国軍兵士と三人の北朝鮮軍の兵士たち、戦闘機が不時着して村人に看病されている米兵、といった登場人物たちが繰り広げるドラマが、理想郷の最後の〈悲劇〉を用意する。

それぞれ別の家で休んでいた韓国軍兵士と北朝鮮軍兵士が村の中央で顔を合わせる。村人を挟んでの戦闘になる。中央でオロオロする村人たちと、負傷が癒えて屋外に出た米兵が韓国軍兵士側につき戦闘は激化する。

そんな時、巨大な猪がトンマッコルを襲撃する。敵だった韓米連合軍と北朝鮮軍が力を合わせて猪を退治して村を守る。その結果、彼らに連帯感が生まれて村での共存生活に入っていく。

韓国軍の少尉が「脱走兵」だったことも次第に明らかになる。そして、トンマッコル村で連帯感を持つことになる韓国、北朝鮮、米国のそれぞれの兵士の中で、韓国軍兵士だけが脱走兵だったということが非常に重要な意味を持っていた。

一方、韓米連合軍は行方不明の米軍飛行兵を捜索していた。韓米連合軍は、トンマッコルが北朝鮮軍の基地になっていると判断して空爆する。米兵は村を去っていく。

そして映画のクライマックスは、なぜか村を守るために連合軍の空爆に立ち向かう五人が協力して「米軍機を撃墜する」というシーンなのである。

幻想への逃避

結局、最後の局面で、五人の登場人物は米軍機の機銃掃射と空爆で全員死亡する。爆撃の中で韓国軍少尉と北朝鮮軍中隊長が顔を見合わせて笑うシーンがある。南北の融和といったところであり、この映画を象徴している。

降り出した雪に埋もれる五人の遺品の数々がエンディングのカットである。ここまで、ざっとストーリーを簡単に説明しただけで、この映画のトンデモ度がおわかりいただけるだろう。

映像だけを見れば、よくできている。トウモロコシが貯蔵されている納屋に戦闘中の手榴弾が転がり込み、爆発するとポップコーンが雪のように降ってくるような細部の面白さやフォトジェニックな美しいシーンがいくつかある。

しかしながら、『トンマッコルへようこそ』は〈ファンタジー〉を装ったプロパガンダである。『トンマッコルへようこそ』がファンタジー作品として失敗した上に、悪質なプロパガンダに陥った原因は明らかだった。

つくり手のパク・クァンヒョン監督が国際政治の冷厳な現実や歴史事実から眼を背け、ひたすら幻想の中に逃避しているからである。かつ、この監督は、注意深く様々な細部で情報操作を行っていた。

まず冒頭のシーンに次のようなテロップが出る。
「人民軍は連合軍の無差別爆撃を受けていた」
「人民軍」という単語に北朝鮮の文字は付いていない。国連軍の代わりに「連合軍」という言葉が使用されている。北朝鮮という言葉を隠すことで、統一朝鮮をイメージさせているのだ。

驚いたことに、この映画で扱われている朝鮮戦争には米軍が現れるのにシナの人民解放軍は現れない。朝鮮戦争の説明で「この戦争は二対一だ」と子供がつぶやく。北朝鮮対韓国&米国の戦争だという誤ったイメージをわざわざ与えるような脚本になっているのである。さらに、米軍機の中で「我々は民間人を気にする余裕などない」と米軍兵士に言わせる。ひたすら米軍を悪者として描いているのである。トンマッコルを連合軍が包囲するシーンでは、村長が韓国兵に虐待を受ける。韓国兵が悪役として描かれているのである。最後の米軍機と戦うシーンでは「糞ッタレども！」と叫んで対空砲火を行う。この対空砲火作戦を立案、指揮するのは北朝鮮軍のピョ少尉という人物だった。

もし、この映画の最後に北朝鮮の核兵器が出てきていれば画期的な作品になっていただろう。米軍と韓国軍がトンマッコルから、そして朝鮮半島から退散すれば、恐らく完璧なシナリオになっていたはずである。

韓国の〈病理〉というもの

『トンマッコルへようこそ』は、北朝鮮製作だと言ってもおかしくないほどの映画だった。この作品の脚本を書いたチャン・ジンという人物が史実を知らないことは確かなことだろう。しかし、それ以上に、当時、盧武鉉政権とそれを支えていた韓国内のムードを扇情的に直接反映したものを書きたかった、という意思があったはずである。

盧武鉉大統領は任期終了前に支持率が韓国史上空前の十%台になり、政権運営に苦しむことになった。『トンマッコルへようこそ』は映画こそ、その当時の公開だが、映画の原作はといえば、二〇〇二年に上演された戯曲である。高まる反米ナショナリズムの中で盧武鉉が大統領候補推として支持を集めていった頃に生み出されたものであることが重要だ。

二〇〇二年六月、駐韓米軍基地に帰ろうとしていた装甲車が公道で事故を起こし、女子中学生二名を轢き殺した。この事件と二〇〇二年ワールドカップ日韓大会開催とを背景にして、韓国内では、反米民族主義感情が爆発的に盛り上がっていた。盛り上がりの裏には、北朝鮮の工作活動や情報戦が関与していたことも知られている。『トンマッコルへようこそ』の原作の戯曲もまた、そんな背景をもっているかもしれない。

二〇〇五年に、『トンマッコルへようこそ』の観客動員数が韓国で圧倒的な一位を獲得したのは、親北反米民族主義の空気が一向に変わっていなかったということを証明している。盧武鉉大統領の支持率がたとえ低下していたとはいえ、政権支持率と関係なしに反米情緒が蔓延していたのである。ちなみに、翌二〇〇六年の観客動員数第一位は『グエルム』（監督ポン・ジュノ）という怪獣映画だった。これもまた反米感情を大いに盛り込んだ映画である。『トンマッコルへようこそ』を肯定的に評価するなら、ここで描かれた朝鮮戦争は歴史上の朝鮮戦争ではなく、〈ファンタジーの朝鮮戦争〉であるという前提に立たなければならない。

そして、ここに現在に至る韓国の問題点が集約されているのである。つまり、多くの韓国人の現実から逃避したいという願望を『トンマッコルへようこそ』は見事に象徴していた。

朝鮮戦争は二〇一九年現在においても終結していない。停戦状態である。停戦ラインがいわゆる三十八度線、北緯三十八度に引かれた南北朝鮮の国境となっている。

終結していない〈現実の朝鮮戦争〉から眼を背け、〈ファンタジーの朝鮮戦争〉で南北が力を合わせて外敵つまり米国の侵略を撃破する。この夢想にたっぷり浸ろうというのが「トンマッコルへようこそ」の製作意図だったのである。なお悪いことに、この映画でははは中国共産党人民解放軍の存在を隠した。人海戦術という兵士の損失を全く考慮しない大量の兵士投入で、朝鮮半島に累々とした屍《しかばね》の山を築きながら韓国軍を撃破し、非戦闘員の韓国人までをも虐殺しつつ進軍をした中共人民解放軍が全く描かれていない。

シナにおもねる民族史的DNAの発露だったのか、そんな政治的意図が史実すら踏まえず、『トンマッコルへようこそ』をファンタジーとして成立させることすら拒んでしまった。現実から目を背けたい韓国人の情緒を利用したプロパガンダ映画になったのである。

ここで賢明な読者はもうお気づきだろう。二〇一七年の大統領就任以来、三十八度線の停戦ラインをなかったことにしようと行動して来た文在寅大統領は、この十四年前の大ヒット映画の幻想とプロパガンダを現実のものとして行動しているのである。

その時々で「事大」する民族性

盧武鉉は大統領選挙を控えての時期に「反米だったら何か問題があるのか」と発言したことがある。これは、支持者の「声援」に対する肯定的な回答だった。つまり、親北朝鮮に何の問題があるのか、ということだ。

今も韓国には、休戦ラインを挟んで北朝鮮と対峙している「韓国の現実」というものがない。お題目の「統一」が何よりも優先する〈トンマッコル症候群〉ともいうべき夢遊病が多くの国民に蔓延しているのである。

韓国の力で金王朝を除去し、北朝鮮の体制を打倒して民主化統一をするという視点は、一般的な韓国人には皆無である。

二〇一〇年（平成二十二年）に起きた韓国海軍哨戒艦撃沈事件はその証明だった。韓国海軍の浦項級コルベット「天安」が朝鮮人民軍の攻撃で沈没させられた事件である。

パトリック・ウォルシュという元アメリカ海軍太平洋艦隊司令官は、二〇一七年に朝鮮日報のインタビューを受け、「全ての証拠が北朝鮮がしたと証明しているのに、多くの韓国人が『原因は別にある』と信じていたことに大きな衝撃を受けた」と語っている。

韓国人にとって「統一」はリアリティのあるものではない。「統一」を唱えることで民族的良心の免罪符になる、おまじないのようなものである。

確かに、現状で統一すれば韓国経済の水準を保つことができないという現実だけはわかっているらしい。しかし、西側陣営で日本と米国の庇護の下、経済成長を遂げて二〇一八年度は世界十二位のGDPを達成している準先進国としての立脚点を、当の韓国人自身が忘れているのである。

韓国の左翼勢力は、金大中が大統領に就任した一九九七年の大統領選挙から、保守陣営は「親米派」の「事大主義者」である、と非難してきた。そんな認識の根本には、米国は自己の利益のためだけに行動するという考え方がある。

実際、盧武鉉の支持勢力はそうした考え方の人々が主流をなしていた。しかし、単に一九八〇年代の民主化闘争を経験した「386世代」の左翼思想だけが盧武鉉政権を誕生させたわけではない。386世代とは、一九九〇年代に30代（3）で、一九八〇年代

（８）に大学生で民主化学生運動に参加していた一九六〇年代（６）生まれの世代を指す言葉である。韓国社会への左翼勢力の浸透には、韓国人の民族性が大きく関与していると考えるべきだ。そうでなければ、たとえば二〇〇七年、盧武鉉大統領が史上最低の支持率に喘いでいた反面、同時に、盧武鉉を支持する親北朝鮮ムードが社会の基底に流れていたことを説明できない。つまり韓国には、歴史事実や現実からひたすら逃避し、強いものにその時その時に「事大」する民族性がある。それがかつては盧武鉉人気を支え、かつての金正日（キム・ジョンイル）に対する高い人気に繋がっていた。

以前、まだ金正日が生きていた時代だが、呉善花氏とお話しした時、「韓国では金正日がアイドル的人気がある」と聞いて大変驚いたことがある。『トンマッコルへようこそ』を観て、その言葉の真意が理解できた。

かつて韓国で人気を博した金正日は、韓国人にとって、決して最後のスターリニストとして三百万人を餓死させ、二十万人を強制収容所で虐殺した金正日ではなかった。〈トンマッコル症候群〉において幻覚のように見える、ファンタジーとしての金正日だったのである。

民主主義を否定する韓国

現実から逃避してファンタジーにリアリティを求める韓国人の民族性は、かつて盧武鉉大統領を誕生させ、その後辞任に追い込む弾劾裁判まで行われたものの、国民投票で再び盧武鉉政権維持を選択するという倒錯ぶりを見せた。

盧武鉉退陣後、二〇〇九年に保守派の李明博大統領が誕生し、十年間続いた左翼政権に終止符を打つことになる。しかし二〇一〇年、北朝鮮による韓国哨戒艦撃沈事件が起こると、今度は事件直後の地方選挙で「戦争か和解か」をスローガンにした野党が圧勝してしまったのである。

一方、政権末期には罵声を浴びせられるほどになり、追われるように引退した盧武鉉前大統領は、任期中の汚職の嫌疑で検察の取り調べを受けることになる。そして、二〇〇九年（平成二十一年）五月に突然自殺してしまった。

すると、今度は検察批判が巻き起こるというのが韓国という国である。逆に李明博大統領と与党が苦境に立たされた。批判を浴びた検察は盧武鉉前大統領への捜査を世論に迎合するように、うやむやにして終わらせてしまうということになる。韓国は法治国家としての原則を捨て去ることなど平気な国である。まがりなりにも民主主義を標榜しているはずの韓国のアイデンティティについてなど、関心がないと言っていい。

韓国はとにかく一貫性がなく、感情的に動く物事に付和雷同しやすい。今日好んでいたものを明日には憎むという、どこか倒錯した感情が巻き起こるのは、韓国の国民性というものだろう。

そういった倒錯した精神状況は、韓国の様々な世論調査からも見て取れる。

少々古いデータになるが、二〇〇三年に移民の意思についての調査が行われたことがある。『朝鮮日報』の同年九月一七日の記事によれば、二十代と三十代の男女五百七十二人の内、七十二％が韓国とは別の国に移民を希望しているという驚くべき結果が出たというのである。ちなみに二〇〇一年の調査では八十八％の人々が移民を希望していた。

韓国の名門、梨花女子大の学生の過半数は「生まれ変わったら韓国以外に生まれたい」と考えているというし、北朝鮮から命からがら逃れた脱北者の六十九％が「韓国とは別の第三国に移民したい」という信じられない調査結果が二〇〇四年には出ていた。

二〇〇六年に行われた八千人対象のネット世論調査では解答者の六十九・七％が、「他の先進国で生まれたい」と回答していた。

韓国のアイデンティティはすでに崩壊しているのである。歴史上、韓国にアイデンティティがあった時代があるのかといえば、それもまた疑問であり、単純に北朝鮮の工作による結果だとは言えない問題もある。

韓国のアイデンティティとは、簡単に言えば、日本と米国の庇護の下で経済成長を達成し、自由主義の西側諸国の一員として世界上位のGDPを誇る、準先進国たる韓国に価値を見出すということだろう。ところが、韓国はアイデンティティを持ちにくい国である。その理由は後で述べよう。

常に流動的な北東アジア

アイデンティティ不在による引き裂かれた自己が前提にあるので、韓国は伝統的に、常に強い者に付く「事大」主義である。これは、米軍再編にともなう在韓米軍の撤退と、戦時作戦統制権返還問題の韓国の混乱に直接繋がっている。

現在、韓国軍は有事の際、在韓米軍の指揮系統下で軍事行動を行うことになっている。

朝鮮戦争が終結していない停戦状態であり、国連軍が駐留しているからだが、かつて自主防衛を標榜する盧武鉉政権は韓国軍への作戦統制権返還を主張していた。

その主張は盧武鉉政権の反米政策を補完するものだった。これはまた、盧武鉉大統領が北朝鮮の傀儡、あるいは工作員と揶揄された原因でもあった。

たとえば盧武鉉政権は、二〇〇六年七月の北朝鮮のミサイル乱射実験にも抗議せず、日本の対応を冷ややかに批判した。これをもって盧武鉉大統領はまさに北の傀儡である、と世界に認知された。

当時、戦時作戦統制権返還を米軍が二〇〇九年に行うと発表したことがある。すると、大統領府は慌てふためいてしまった。戦時作戦統制権返還そのものに反対する保守派や歴代韓国軍将軍らが大規模な反政府集会を何回か開催する事態にまで発展したのである。

戦時作戦統制権返還は、米軍が撤退し、統制権が韓国軍に与えられるということを意味する。いくらなんでもそれではとても韓国の安全を守れない、と政治家であれば現実的な判断をするものなのだ。慌てふためくのは当然である。

じつは、盧武鉉政権誕生後、すでに米軍の朝鮮半島撤退の動きは始まっていた。世界的な米軍再編のプログラムに、二〇〇二年一二月の韓国大統領選挙の結果が与えた要因は決して小さいものではなかった。

もう十四年前になるが、二〇〇五年二月の日米安全保障会議「2＋2」で、すでに北東アジアの安全保障の枠組みは決定されていた。その動きを盧武鉉の反米・反日政策が加速させたとも言えるだろう。当時、自主独立を掲げる盧武鉉政権が韓国軍の戦時作戦統制権を米軍から取り戻そうとしたのに呼応して、米国の方でも早く統制権返還を進めようとしていたことに重大な意味があった。

つまり韓国は、集団安全保障の時代において、当時の米中の予定調和の中で、シナの二十一世紀の新・華夷秩序に従わざるをえないことが運命づけられてしまったのだ。二〇〇六年七月二十五日、上海復旦大学国際問題研究所の朴昌根教授が「世界と北東アジアの平和フォーラム」のセミナーで「中国、北朝鮮、ロシアの『北方三角』は崩壊したため、韓国も『南方三角』（韓国、米国、日本）同盟から抜け出してくれるよう求める」と発言した。象徴的な出来事だった。

二〇〇九年（平成二十一年）から翌年にかけては、米中関係がこれまでの協調関係から大幅に転換し始めた時期である。朝鮮半島の位置づけはふたたび変化してきた。二〇一〇年三月、韓国海軍哨戒艦が北朝鮮の潜水艦による魚雷攻撃で撃沈され南北朝鮮の緊張が最高度に高まったことは事態を急変させた。オバマ大統領と李明博大統領はこの年の六月二十六日に会談した。二〇一二年四月に予定されていた朝鮮有事の戦時作戦統制権の韓国軍への移管は、結局、二〇一五年末に三年延期することになったが、その後ふたたび流動的になったまま現在まで続いている。

歴史事実を認められない〈反日DNA〉

現在、北東アジア情勢は百年以上前の状況と近似してきている。前章で述べた日清戦争前の状況に回帰しようとしているのである。

日露戦争前に李朝朝鮮がロシア、清、日本と時々の状況で事大先を替えて右往左往したように、韓国は米中の狭間で揺れ動いている。結局、当時の李朝朝鮮が日清戦争後に日本の勝利によって清の属国から脱却して大韓帝国として独立を確保できたのにもかかわらず、日韓併合へと至る迷走ぶりの軌跡が、現在の韓国の混乱・迷走に見事なほどぴったりと重なっている。

本来なら韓国は、日米韓の同盟的結合の中で西側陣営として築いてきた地位にプライドを持つべきである。何よりも、その歴史の中にこそ、日本の大東亜戦争敗北で独立した韓国が現在の繁栄を誇示し、享受している理由があるからだ。

日清戦争の日本の勝利で大韓帝国として独立できた韓国はその後日本に併合されるが、大東亜戦争敗戦後に再び独立することができた。つまり、韓国人は、「日本は近代朝鮮のネガとポジとして独立を左右した存在である」ということを客観的に認識する必要がある。そうすることで、大韓帝国とそれ以前の李朝朝鮮に連なる韓国のアイデンティティを確かなものにできるのである。

しかし、韓国にはそれはできない。韓国人には、そのように日本を客観的に、歴史的に、科学的に認識することはできない。DNAに刷り込まれた偏狭な〈反日〉があるからである。

韓国の〈反日DNA〉は、日本を未来永劫呪縛する以上に、実は、韓国自身を呪縛する呪いである。〈反日DNA〉は、朝鮮民族伝統の「恨」という感情だけが因子になっているのではない。古代からの儒教的な華夷秩序が、日本を見下すことを韓国に強いている。つまり、韓国の伝統からすれば、〈倭国〉たる自分たちより文明度も文化度も低い野蛮な国として日本を見なさなければならないからだ。しかし、近代朝鮮の二回の独立には日本の戦争が関与している。それは明白な歴史的事実であるにもかかわらず、韓国はこの〈事実〉を認めるわけにはいかないのだ。韓国はこのような特異な対日観をもっている。これが韓国を永遠に縛りつけ、混乱した精神状態のまま、対米、対日、対中、対北朝鮮へと事大先を目まぐるしく替え続けているのである。

北朝鮮は李朝朝鮮をそのまま蘇らせたかのようなふりでいる。中世的な世界観で共産主義を消化し、専制的な主体思想を標榜している。北朝鮮は、韓国にとって一番痛いところを衝いているのである。すでに述べたように、すなわちそれは、李朝朝鮮の系統、伝統を、北朝鮮の方が継承しているかのような錯覚を韓国に与えている。

しかし、北朝鮮も実は、出自が怪しい。韓国と同じように、建国物語は捏造されたものだ。朝鮮半島は南も北も建国物語が捏造なのである。金日成の抗日ゲリラ戦士も、韓国の上海臨時政府と光復軍の抗日戦争も〈トンマッコル症候群〉から生まれたファンタジーに過ぎない。地上最後のスターリニズム国家として、シナと朝鮮半島に、それぞれ中華人民共和国と朝鮮民主主義人民共和国が異形の花を咲かせている。北朝鮮が囁きかける怪しい誘惑に、韓国人は抗うことができない。「自主独立」「自主防衛」「北東アジアのバランサー」といった理念は、そんな北朝鮮への眼差しを裏返したものに過ぎない。

韓国は〈トンマッコル症候群〉を重く患い、正しい歴史認識と安全保障への現実認識を見失っているのである。韓国が、併合時代も含めた日本の過去の役割を客観的に評価できれば、崩壊への途から逃れられるかもしれない。それは、日本という呪縛から逃れる、ということなのだ。

大陸と半島と日本の軸足

ところが、韓国ではファンタジーが現実を裏切る。

韓国が北朝鮮の助けを借りて核開発し、日本を核攻撃するというキム・ジンミョンの『ムクゲの花は咲きました』という小説は一九九〇年代に三百五十万部を超える国民的なベストセラーとなった。この小説は一九九五年に映画化されて大ヒットし、優良映画賞まで受賞した。つまり、〈トンマッコル症候群〉が育てた「ムクゲ」が大きく花開いたのが、北朝鮮の核なのである。

二〇〇六年に韓国政府が、連合国（国連）安保理で対北制裁決議が採択されても、開城工業団地・金剛山観光事業を中断しないという方針を決定したことがある。その時、金大中元大統領は同年に行われた全南大学の特別講義で、「北朝鮮は、韓国が太陽政策を展開した場合は核開発に踏み切る、などとは一切公言していない。米国が対話もせずに北朝鮮を苦しめるから、生き残りを懸けた最終手段として核開発に出たのではないか」と北朝鮮を擁護した。この文法は現在の文在寅政権にそのまま受け継がれている。

当時の韓明淑（ハン・ミョンスク）首相は、国会本会議の緊急質疑で「米国の制裁と、一貫した金融面での圧力が、北朝鮮の核実験の一因であると思われる。一次的責任は北朝鮮にあるが、どこか一国だけのせいにはできない」と発言した。

さらに、李鍾奭（イ・ジョンソク）統一部長官は国会答弁で、「米政府に『北朝鮮の核実験は民族の運命にもかかわる問題』とし、できる限り直接対話を行うように求めたが、米国は受け入れなかった」と米国の責任を主張した。

この北朝鮮擁護の事態に、当時のバーシュボウ駐韓米大使は、「世論調査で韓国人の三十パーセントが北朝鮮の核実験を〝米国の責任〟としているが、米国は六カ国協議の開催に向けて多くの努力を傾けてきた。一連の努力の過程には見向きもせず、結論だけをもってこのように判断するのはどうかと思う。北朝鮮の核実験をめぐり、米国が非難されているのは残念でならない」とコメントせざる得ないような状況だった。

現在、韓国メディアはじめ政府関係者は、根拠のない安倍首相批判を常にくり返している。朝日新聞の知性のない安倍批判とほとんど重なることが興味深い。百二十年前の北東アジア情勢を鑑として、日本は、韓国の事大主義の行方を眺めつつ、日本と北東アジアの安全のため、軸足を大陸と半島から台湾と東南アジア、そしてインドへの方向に移さなければならない。

キム・ヨナ選手の発言を捏造

韓国の情報空間および韓国メディアに根強くはびこるのが「反日無罪」という絶対的な意識である。これもまた〈トンマッコル症候群〉の一形態だ。それを少し前の過去の事例で紹介していこう。

「キム選手が試合直前にジャンプを練習しようとすると、進路に他の選手が入り込んだ。いつも日本人選手だった」

二〇〇九年、韓国のテレビ局ＳＢＳが、フィギュアスケートのキム・ヨナ選手のインタビュー放送のなかで、ナレーションを入れて日本人選手妨害問題を報道した。韓国国内で日本バッシングが巻き起こったが、この報道はＳＢＳによる捏造だった。

事の真相を明かしたのは取材を担当したＳＢＳのレポーター、リー・スンフー氏である。リー氏は「『いつも日本人選手だった』というのはＳＢＳ側が付け加えたものです」とあっさり捏造を認めた。

このインタビューでキム・ヨナ選手が話したのは「四大陸選手権の練習でジャンプをするとき、ほかの選手が気になった。危ないのでみんな気をつけなければいけない」という、ただそれだけのことだった。ナレーションにあった「いつも日本人選手だった」など、キム・ヨナ選手の話の中には何の形跡もない。

これを受けて韓国フィギュアスケート連盟は「（日本人選手に妨害されたとする）報

道は事実ではない」とする調査結果を報告した。捏造確定である。

それだけではない。前出のリー氏は、「韓国ファンの反日感情を煽り、対決ムードを盛り上げようとしただけだ」と、意図的だったことを堂々と認めた。しかも一切、謝罪はしなかった。

注目すべきなのは、この捏造に対して、韓国国内からの批判がまったく起こらなかったことだ。もし、日本、あるいは他の先進国の報道機関がこのような捏造報道を行なったならば、死活問題になりかねないだろう。しかし韓国国内では、無罪放免である。それどころかネットの反応だけを見る限り、捏造が発覚した後でも日本人選手が悪者扱いされ続けていた。

韓国メディアの事情を知っている人ならば、この程度のことは、驚くことではない。韓国メディアでは、どんな偏向報道や捏造報道も、それが〈反日〉のためなら許される。〈反日無罪〉の風潮が、確固として存在しているのである。

韓国ではネットの過激なヘイトスピーチに引きずられるように、テレビや新聞で攻撃的な話題が増加する傾向にある。〈反日〉はその中でも人気のコンテンツだ。あるケーブルテレビ局などは、自局のネット掲示板に「日本叩き」というキーワードを書き込んだらCD合計百枚をプレゼントするという、悪乗りとしか思えないイベントを行なっていたほどである。

イチロー暗殺Tシャツという極端

反日偏向報道の事例は数限りない。二〇〇九年（平成21年）の第二回ワールド・ベースボール・クラシック（WBC）は、日本が連覇を果たした。その時、韓国の有力紙『中央日報』は何と報道したか。「勝利したがマナーで負けた〝ダーティーサムライ〟」という見出しで、記者会見でのイチローの態度を「椅子のひじ掛けに片方の腕を乗せ、斜めにもたれかかるように座りながら、質問に答えた」と批判したのである。試合結果よりも日本人選手を悪者扱いする方に紙面は多く割かれていた。

イチローは世界的に有名な日本人であることで、バッシングの対象となる。「ボールからニンニクの臭いがする」と発言したという韓国紙の捏造報道などでハラスメントにさらされた過去もある。当時、「イチロー暗殺Tシャツ」という物騒なものも登場した。

韓国代表投手を、伊藤博文暗殺の実行犯で、韓国では〈愛国英雄〉とされているテロリスト、安重根に見立てたTシャツである。即日完売したそうだ。

日の丸を消すという捏造

日本のアニメは優秀であるので海外でも広く視聴されている。それはいいのだが、韓国では、特に子供向けアニメにおいて、登場人物の名前をすべて韓国名に変えることで、あたかも韓国製であるかのように見せかける行為が日常的に行なわれている。

サッカーアニメの名作『キャプテン翼』が放送された時には、主人公の名前をハン・ナルゲにした上に、ユニフォームの日の丸を消し、あたかも韓国人チームが活躍する作品であるかのように改変した。

改変はアニメだけにとどまらない。二〇〇七年（平成十九年）に、韓流スターのイ・ビョンホンが、日本武道館で誕生日イベントを開催したことがある。この時の様子は、韓国のメディアでも多数報道された。その写真を見ると、たいへん奇妙だった。天井から白旗が垂れ下がっていたのである。

日本武道館の天井には常に日の丸が掲げられている。これを韓国メディアは真っ白に塗りつぶしてしまったのである。日本メディアの取材に対して、イベントを運営したマネジメント会社は「正しくない写真素材を配信したミス」であると釈明した。単なるミスで日の丸を白旗に修整することなどはありえない。これに対しても、韓国の人々から問題視する声は聞こえてこなかった。謝罪した報道機関も皆無である。

しかし、当時、この珍事で面白いことに気づいた人も多かったはずだ。二〇〇九年（平成二十一年）八月、衆院総選挙を前にして全国で選挙活動が繰り広げられていた時のことである。小沢一郎も出席していた鹿児島県の民主党大会で、二つの日の丸を切り刻んで繋げて民主党の党旗のようなものを作り、壇上に大きく掲げていた。民主党大会のこの写真は、一般メディアでは大きく報じられなかった。しかし、ネットで瞬時に情報が拡散し、多くの抗議が民主党に寄せられた。平気で国旗を切るようなこのような民主党の行為と、写真の画像データをわざわざ修正して日の丸を消すようなことをする韓国人の感性に、かなりの類似性を感じた人も多かったのである。

スポーツの政治利用

韓国メディアにおいては、反日のための捏造・改変は日常茶飯事である。そしてそれを一般市民も問題視することはない。それどころか、行き過ぎた反日が転じて、ついには日本から批判を受けたということで逆に英雄視される人物まで現れたことがある。

元柔道家で総合格闘家の秋山成勲という人物である。二〇〇六年（平成十八年）、秋山選手は対桜庭和志戦において、全身にオイルを塗布する反則行為で無期限出場停止処分を受けた。

秋山選手は日本では厳しい批判にさらされた。しかし彼が在日韓国人四世だったことから、韓国国内ではこれが日本による「不当な民族差別」と捉えられ、日本バッシングとともに秋山を擁護する論調が盛り上がった。

秋山選手は日本に帰化していた。その際には、韓国メディアは猛烈なバッシングを浴びせていた。このように韓国メディアは、驚くべき手のひら返しを平気で行うのである。ダブルスタンダードも韓国メディアの特徴だ。これを機に秋山選手の韓国での人気は急上昇し、二〇〇八年（平成二十年）には韓国で歌手デビューも果たしている。帰化した裏切り者から一転、秋山選手は反日の大スターになった。桜庭戦で秋山選手が行なった反則に対する客観的な批評性などは微塵もないのである。

日本国内では、一部のメディアが繰り返す反日的な意図を持った報道を、ネットを利用して検証し批判する文化が定着しつつある。ところが、韓国ではそのような文化は皆無である。韓国においては既存のメディアも、ネットも、どこを向いても反日一色だ。それ以外の意見を見ることはほとんどない。すべてが、まず反日ありきで始まっているのが韓国の情報空間であり、むしろ、なんでも反日に結び付けて視聴者や読者に迎合することが成功の秘訣なのである。

猟奇的な反日

スポーツやアニメ・芸能などで反日が噴出するのは、それらが反日という俗情と結託するメディアにとって手頃な題材だからである。つまり、メディアも大衆も、反日のきっかけを常に探している。ＴＷＩＣＥという韓国のアイドルグループの日本人、サナがインスタグラムに「平成ありがとう！　令和もよろしく！」と書いただけで、彼女は韓国人のヘイトスピーチに襲われたが、それも当然の結果だ。

そもそも、韓国初代大統領の李承晩は、日本文化の禁止や親日派処分など積極的な反日政策を取り、一九五二年（昭和二十七年）の日本の主権回復直前に、一方的な李承晩ラインを設定し竹島を略奪した。それ以来、いついかなる政権でも、竹島を韓国領として既成事実化を進める姿勢に変わりはない。

くり返すが、韓国は、建国から一貫して反日をひとつのアイデンティティとして成り立ってきた国家である。政権が、表面上はともかく根底には常に反日的な民族主義志向を持っていることを忘れてはならない。もとがそのような国なのだから、時代が変わろうとも、左右のどちらが政権を取ろうとも、反日感情が止むことはない。反日のためならどんな捏造報道でも許されてしまうのは、ある意味、当然である。

韓国国内でも自国のメディアに問題があることに気づいている人はいるだろう。しかし、反日の渦巻く国内でそんな発言ができるはずはない。自浄作用など一切期待できないのが韓国という国である。

第三章　さて、日本は韓国をどう「取り扱う」べきか

安全保障と地政学から考える

朝鮮半島＋東・南シナ海が現在の地政学的要衝

第一章で、有史以来、朝鮮半島はずっと日本列島防衛の地政学的要衝だったということを述べた。朝鮮半島が侵略志向の敵国の手に落ちれば、日本はのどもとに剣の切っ先を突きつけられたかたちになる。日清戦争も日露戦争も、この危機事態を回避するために行われた戦争だった。

朝鮮半島が地政学的要衝であることに今も変わりはないが、二十一世紀に入り、日本はさらに東・南シナ海地域をもうひとつの要衝としなければならなくなった。なぜなら、中国共産党が太平洋米中分割論を言い始めたからである。二十一世紀に入ってシナが初めて太平洋へ進出する意思を見せたということである。古来、シナ大陸の帝国は二十一世紀まで、南北あるいは西への侵略意思は見せても太平洋側つまり日本列島方向への侵略意思を見せたことはなかった。日本が今、歴史上かつて経験のない国防の危機的状況にあることを私たちはしっかり理解すべきである。

二〇一七年十一月、河野太郎外相が中国共産党主席、習近平の発言に対してテレビ番組できわめて重要な発言をしたことがある。産経新聞が次のように伝えている。

《河野太郎外相は10日、中国の習近平国家主席が9日のトランプ米大統領との共同記者発表で「太平洋には中国と米国を受け入れる十分な空間がある」と発言したことについて「中国は太平洋と接していない」と不快感を示した。ＢＳ朝日の番組収録で述べた。

習氏の発言は、太平洋の東を米国、西を中国が管理し、太平洋を米中で二分しようとする中国側の膨張政策を念頭に置いたものとみられる。中国が太平洋に進出するには、東シナ海か日本海を経由する必要があり、太平洋への出口に覆いかぶさる日本列島が中国にとっては海洋進出の障害となっている。

河野氏はこうしたことを念頭に「太平洋と接しているのは日本だ。米中で太平洋をうんぬんということにはならない」と中国を牽制した》

（『産経新聞』二〇一七年十一月十日）

太平洋米中分割論において、沖縄は特に深刻な地政学的意味をもつ。沖縄有数の日刊紙『八重山日報』は日本の安全保障を考えるうえで大いに注目しておくべきメディアのひとつである。習近平の発言を受けて、次のような記事を掲載している。きわめて重要で、事態の本質を明解にまとめているので、記事全文を引用する。

《中国の習近平国家主席は9日、トランプ米大統領との首脳会談後、共同記者会見で「太平洋には中国と米国を受け入れる十分な空間がある」と発言した。

中国軍関係者は、かつて米国の太平洋軍総司令官に対し「ハワイから東は米国、西は中国で分割管理しよう」と持ちかけていた。今回の発言もこの趣旨に沿ったものであることは明白だ。

言うまでもなく太平洋の西側には尖閣諸島を含む八重山諸島があり、沖縄があり、日本本土がある。太平洋への進出加速を予言するかのような習氏の発言は、沖縄に対する領土的野心を改めてあらわにしたも同然だ。尖閣諸島奪取を目指す中国の狙いが、局地的な資源争奪などではなく、究極的には太平洋の支配権獲得であることも暴露した。

問題なのは、習氏の発言が米大統領の面前だったことだ。米国との直接交渉で日米を切り離し、米国の不干渉を確約させた上で、尖閣を奪取したいという思惑が透けて見える。

中国は米国との関係を「新型大国関係」と名付け、いわば米国と一対一の場で中国主導の新国際秩序を承認させようとした。米国はオバマ前政権時代、この考えを事実上拒否したが、訪中したトランプ氏への厚遇ぶりは、中国がこうした思惑をまだ捨てていないことを意味するようだ。

日本政府が２０１２年に尖閣諸島を国有化して以降、中国の尖閣奪取に向けた戦略はほぼ一貫している。公船を頻繁に領海侵入させ、尖閣が中国の領土であることを内外にアピールするというものだ。

しかし日本側は海保の巡視船がガードを固めており、八重山の漁業者が尖閣周辺海域に出漁する際は警護に当たるなど、実効支配を死守している。

ところが今月５日からのトランプ氏の訪日期間中、中国公船は尖閣周辺の接続水域に姿を見せなかった。しかしトランプ氏が７日午前に離日すると、その日の午後には、すかさず4隻が接続水域に入っている。米国の顔色をうかがうような動きである。

中国にとって気がかりなのは日米同盟だ。日本から最終的に尖閣諸島を奪取できるかどうかは、米国の意向しだいだと中国が考えている可能性を示唆している。

安倍晋三首相とトランプ大統領は、両国共通の外交方針として「自由で開かれたアジア太平洋戦略」を打ち出した。自由と民主主義の価値観を共有する国々の連携で、中国主導の新国際秩序を阻止しようというものだ。これに対し、中国は自国中心の経済圏構想「一帯一路」を「人類共同体構想」などと宣伝している。

20世紀に続き、21世紀の世界も、自由主義の国々と独裁国家群がせめぎ合う場となるかも知れない。

尖閣諸島そして沖縄は、いやおうなしにその最前線に位置することになる。尖閣諸島を守れるかどうかは、単に日本の領土にとどまらず、戦後日本が信奉してきた自由や民主主義といった価値観を守れるかどうかにも関わってくる。

ただ武力衝突は誰も望まない。沖縄では、地方自治体や民間レベルで日中交流を促す動きが盛んだ。翁長雄志知事は福建省との友好締結20周年で訪中しており、石垣市でも日中友好締結40周年、世界平和の鐘設置30周年を記念して中国大使を招へいする動きがある。友好の努力は尽くすべきだ。

それとは別に石垣島への自衛隊配備計画は、領土を守る国民の決意を示す上で重要だ。早期配備を実現することが、無用な紛争を防ぐ手立てとなる》

（『八重山日報』「中国、太平洋支配の野心あらわ」二〇一七年十一月十一日）

すでに二〇〇七年、中国海軍幹部が、ハワイを基点に米中が太平洋の東西を「分割管理」する構想を、当時のアメリカ太平洋軍総司令官ティモシー・J・キーティング海軍大将に提案していた。この時点で中国海軍幹部は、「中国が航空母艦を保有した場合、ハワイ以東を米国が、ハワイ以西を中国が管理する事で合意したい」と申し出ていたという。

再認識すべき「アジアの民主的安全保障ダイアモンド」

現在アジア地域は朝鮮半島で有事が起これば東・南シナ海も動き、東・南シナ海で有事が起これば朝鮮半島も動く、という構造になっている。キーになるアクターはもちろん中国共産党だ。

こういった日本の安全保障の危機に関して、もういちど再認識して再評価しておくべきものがある。安倍晋三氏が、第二次安倍政権を成立させた翌日の平成二十四年（二〇一二）十二月二十七日付で国際ＮＰＯの言論機関「プロジェクトシンジケート」のウェブサイトで発表した「Asia's Democratic Security Diamond（アジアの民主的安全保障ダイアモンド）」とタイトルされた英字論文である。

「プロジェクト・シンジケート」はプラハに本部を置く国際ＮＰＯ団体で、各国要人、学者、ノーベル賞受賞者らの論説やインタビューを世界百五十カ国の提携メディアに配信する実績ある団体だ。

論文は英語で発表された。発表から六年半が経った今でも、むしろ、今またさらにきわめて重要な日本の外交戦略である。長い論文だが、可能な限り全容がわかるように訳出したものを掲載しておこう。

《二〇〇七年の夏、日本の首相としてインド国会のセントラルホールで演説した際、私は「ふたつの海の交わり」――一六五五年にムガール帝国の皇子ダーラー・シコーが著した本の題名から引用したフレーズ――について話し、居並ぶ議員の賛同と拍手喝采を得た。あれから五年を経て、私は自分の発言が正しかったことをますます確信するようになった。

太平洋における平和、安定、航海の自由は、インド洋における平和、安定、航海の自由と切り離すことはできない。両地域における情勢はかつてないほど緊密に連繋している。アジアにおける最も古い海洋民主国家たる日本は、両地域の共通利益を維持する上でより大きな役割を果たすべきである。

にもかかわらず、ますます、南シナ海は「北京の湖」となっていくかのように見える。アナリストたちが、オホーツク海がソ連の内海となったと同じく南シナ海もシナの内海となるだろうと言うように、である。南シナ海は、核弾頭搭載ミサイルを発射可能なシナ海軍の原潜が基地とするにじゅうぶんな深さがあり、間もなくシナ海軍の新型空母がよく見かけられるようになるだろう。シナの隣国を恐れさせるにじゅうぶんである。

これこそ中国共産党政府が東シナ海の尖閣諸島周辺で毎日繰り返す演習に、日本が屈してはならない理由である。たしかに、シナ海軍の艦艇ではなく、軽武装の法執行艦のみが、日本の領海および接続海域に進入してきた。だが、このような〝穏やかな〟接触に騙される者はいない。これらの船のプレゼンスを日常的に示すことで、シナは尖閣周辺の海に対する領有権を既成事実にしようとしているのだ。

もし日本が屈すれば、南シナ海はさらに要塞化されるであろう。日本や韓国のような貿易国家にとって必要不可欠な航行の自由は、深刻な妨害を受けるであろう。東シナ海と南シナ海は国際海域であるにもかかわらず、日米両軍の海軍力がこの地域に入ることは難しくなる。

このような事態が生じることを懸念し、太平洋とインド洋をまたぐ航行の自由の守護者として、日印両政府が共により大きな責任を負う必要を、私はインドで述べたのであった。私は中国共産党の海軍力と領域の拡大が二〇〇七年と同様のペースで進むであろうと予測したが、それは間違いであったことも告白しなければならない。

東シナ海および南シナ海で継続中の紛争は、国家の戦略的地平を拡大することをもって日本外交の戦略的優先課題としなければならないことを意味する。日本は成熟した海洋民主国家であり、その親密なパートナーの選択もこの事実を反映すべきである。私が描く戦略は、オーストラリア、インド、日本、米国ハワイによって、インド洋地域から西太平洋に広がる海洋権益を保護するダイアモンドを形成することにある。（中略）

対抗勢力の民主党は、私が二〇〇七年に敷いた方針を継続した点で評価に値する。つまり、彼らはオーストラリアやインドとの絆を強化する種を蒔いたのであった。（世界貿易量の四〇パーセントが通過する）マラッカ海峡の西端にアンダマン・ニコバル諸島を擁し、東アジアでも多くの人口を抱えるインドはより重点を置くに値する。日本はインドとの定期的な二国間軍事対話に従事しており、アメリカを含めた公式な三者協議にも着手した。製造業に必要不可欠なレアアースの供給をシナが外交的な武器として使うことを選んで以後、インド政府は日本との間にレアアース供給の合意を結ぶ上で精通した手腕を示した。

私はアジアの安全保障を強化するため、イギリスやフランスにもまた舞台にカムバックするよう招待したい。海洋民主国家たる日本の世界における役割は、英仏の新たなプレゼンスとともにあることが賢明である。英国は今でもマレーシア、シンガポール、オーストラリア、ニュージーランドとの五カ国防衛協定に価値を見出している。私は日本をこのグループに参加させ、毎年そのメンバーと会談し、小規模な軍事演習にも加わらせたい。タヒチのフランス太平洋軍は極めて少ない予算で動いているが、いずれ重要性を大いに増してくるであろう。

とはいえ、日本にとって米国との同盟再構築以上に重要なことはない。米国のアジア太平洋地域における戦略的再編成期にあっても、日本が米国を必要とするのと同じくらいに、米国もまた日本を必要としているのである。二〇一一年に発生した日本の地震、津波、原子力災害後、ただちに行われた米軍の類例のないほど巨大な平時に於ける人道支援は、六十年かけて成長した日米同盟が本物であることの力強い証拠である。（中略）

私は、個人的には、日本と最大の隣国たるシナの関係が多くの日本国民の幸福にとって必要不可欠だと認めている。しかし、日中関係を向上させるなら、日本はまず太平洋の反対側に停泊しなければならない。というのは、要するに、日本外交は民主主義、法の支配、人権尊重に根ざしていなければならないからである。これらの普遍的な価値は戦後日本の発展を導いてきた。二〇一三年も、その後も、アジア太平洋地域における将来の繁栄もまた、それらの価値の上にあるべきだと私は確信している》（翻訳文責・西村）

私はこの重要な論文を、著書や発言の中でたびたび取り上げてきたが、一般的にはほとんど知られていない。最初にこの論文が広まったのはインターネットだった。不思議なことに、国内のマスメディアは黙殺した。報じたのは、産経新聞、東京新聞の二紙だけだったはずである。

論文では、冷戦時代、オホーツク海が「ソ連の内海」と言われたのに対比させて、南シナ海がいま「北京の湖」となっているとしている。つまり、シナの領土侵略の脅威を説き、「オーストラリア、インド、日本、米国ハワイによって、インド洋地域から西太平洋に広がる海洋権益を保護するダイアモンドを形成する」国々は、成熟した海洋民主国家として法によって支配される平和的エリアを形成すべきだという安全保障構想を、安倍首相はすでに首相就任時の段階で投げかけていた。

法治国家ではない、一党独裁の中国共産党に統治されたシナは完全に排除されるという戦略構想になっている。二十一世紀の「脱亜論」でもある。福沢諭吉と違うところがあるとすれば、それは、特定の国だけに向けられた「脱特定アジア論」だということだろう。論文後半部に出てくる「日本外交は民主主義、法の支配、人権尊重に根ざしていなければならない」という一文は、明らかに中国共産党に対しての強いメッセージである。

第二次安倍政権発足直前の平成二十四年（二〇一二）十一月に、国会施設の議員会館で、チベット仏教の最高指導者ダライ・ラマ法王が演説するという画期的な出来事があった。招致をした議員連盟の議員の背後に安倍氏の存在があり、会場でも法王と固い握手を交わした。二人が握手する姿は、新しい日本を予感させる象徴的なシーンとして脳裏に残るものだった。中国共産党に侵略され、虐殺と弾圧と圧政の中で苦しむチベット人の指導者を日本の国会に招いたのだ。この場面の意義は、この論文の意義にあまりにも一致する。

論文の中に、「韓国」は一度だけ登場する。「日本や韓国のような貿易国家」という部分であり、資本主義体制国家としての韓国だ。そして、「私が描く戦略は、オーストラリア、インド、日本、米国ハワイによって、インド洋地域から西太平洋に広がる海洋権益を保護するダイアモンドを形成する」の中に「韓国」はない。あからさまに外してはいないが、韓国はシナおよび北朝鮮側の国、ダイアモンドから排除すべき国として扱われていると考えられるだろう。すでに述べてきているように、韓国は実質、北朝鮮だからである。

世界秩序の変化に日本はどう対応するのか

韓国内で襲撃された米国大使

二〇一五年（平成二十七年）三月五日朝、衝撃的な事件が韓国ソウル市内で起こった。韓国駐在のマーク・リッパート米国大使（当時）が、朝食会の会場で韓国人テロリストに刃物で襲われたのである。リッパート米国大使は顔などを傷つけられ、重傷を負った。犯人は、市民団体代表を自称するキム・ギジョンという韓国人である。キム・ギジョンは「米帝（米国帝国主義）訓練反対」という言葉や「オバマはなぜ変節したのか」などと叫びながら、リッパート大使に切りつけたという。

同盟国の全権大使がテロリストに襲われるという衝撃的な事件は、二重の意味で大きな意味を持つことに注意しておこう。まず、韓国という国家が、はたしてどのような体制下で統治されているのかという根本的な疑問を世界中に投げかけた、ということがある。事件の経緯が明らかになるにつれて、その疑問は、私たちがいつも感じている疑問に繋がっていった。

つまり韓国という国は、韓国がいつも日本に向けている異様な形相そのものの国であるということだ。

事件が起こったのは、政府の外郭団体が主催する朝食会である。そういった公式な場所に、キム・ギジョンというテロリストが招待客として居合わせていたというのはあまりにも奇妙だ。キム・ギジョンが要注意人物であったことは明らかである。キム・ギジョンはこの事件の五年前、二〇一〇年に在韓日本大使にコンクリートの塊を投げつけるテロをすでに行っていた。この二つの事実だけでも、韓国のあまりにも甘いセキュリティ態勢に驚かされる。停戦中とはいえ、北朝鮮とは軍事境界線を挟んで対峙しているからだ。

五年前の在韓日本大使殺傷事件は、大使については幸い大事には至らなかった。しかし、明らかに日本大使殺傷を狙った犯行である。そのような犯歴をもつ者に、わずか五年後に米国大使と間近に接する機会を与えている韓国という国の統治能力とはいかなるものか。しかも日本大使襲撃事件では懲役二年という軽微な刑しか受けていなかった。

二〇一五年の事件も、暗殺未遂である。リッパート大使は右頬に深さ三センチ、長さ一一センチの傷を負った。幸いにして頸動脈への損傷は免れた。リッパート大使は海軍特殊部隊シールズの出身である。元軍人で四十二歳という若さであったからかろうじて難を逃れたというだけの話である。キム・ギジョンには北朝鮮への渡航歴が八回あった。犯行時の叫び声などから判断すると反米思想の持ち主であることがわかる。独島守護委員会という団体の代表を務めていることや五年前の犯行を考えれば明らかに反米かつ反日運動家である。

「報道理性」を欠く韓国そして日本のメディア

韓国事情に詳しいフリーの韓国人ライター、崔碩栄（チェ・スヨン）氏はその著書『反日モンスター」はこうして作られた 狂暴化する韓国人の心の中の怪物〈ケムル〉』で、キム・ギジョンが在韓日本大使を襲った当時の韓国国内の反応を伝えている。

キム・ギジョンの犯行は次のように韓国内では受け取られた。

《外国公館に対するテロだと認識されても不思議ではない事件だ。それにもかかわらず、一部のマスコミは、それを非難するどころか、そんな行動を誘発した日本が悪い、というスタンスで報道した。そして、そのマスコミの雰囲気をそのまま反映したかのように、犯人は執行猶予で釈放され、彼を「義人」とまつりあげた市民たちは、釈放記念祝賀会まで開いたのだ》（崔碩栄『「反日モンスター」はこうして作られた 狂暴化する韓国人の心の中の怪物〈ケムル〉』講談社・二〇一四年）

まさに、驚愕すべき内容だ。これが韓国社会の現実である。

法治国家という統治原理はもちろん、メディアに求められる倫理や客観性など何一つない。近代的な概念である成熟した市民社会のカケラも見られない。

さらに衝撃なことがある。この日本大使テロ事件の報道に見られる韓国メディアの劣悪さといったものは日本メディアにそのままに乗り移っているということだ。在外公館へのテロ事件はそのまま戦争に直結するというのは国際常識である。それを偶発的な傷害事件の一つとしてしか報道できない「報道理性」の著しい欠如が見られたのは韓国同様、日本においても同様だった。しかもかなり意図的である。

日頃、何の変哲もない韓国の話題を大袈裟に速報する日本のＴＶメディアは多くある。そんなメディアに限って、リッパート大使の事件を、早朝の事件だったにもかかわらず昼前まで取り上げなかった。韓国の悪いイメージをなるべく報道したくないという意識が働いているかのようである。ＮＨＫの例で前述したが、日本メディアというより韓国メディアと言っても差し支えないような状況だった。

競って韓国情報を報道するＮＨＫやテレビ朝日が、朝のトップニュースで伝えなかったことがそもそも異常だった。世界のメディアは、すでに日本時間午前八時には事件をトップ扱いで伝えていた。

国際協調に反発する韓国メディア

私は二〇一〇年代に入ってからは、より頻繁に、ことあるごとに雑誌やテレビ、ラジオなどで米国に韓国の異常さを警告してきた。日韓問題やアジア情勢を語るときは、韓国の本質をまず理解することが先決であるということを言ってきた。

リッパート大使の事件の伏線は、すでに襲撃される約一週間前の二月二十七日にあった。その日は、シャーマン米国務次官（当時）がカーネギー国際平和財団で講演を行った日である。シャーマン米国務次官は、日本、中国、韓国の北東アジア三カ国と米国との国際協調について語った。その内容に、なぜか韓国メディアは激しく反発し、抗議するかのような報道を一斉にしたのである。

シャーマン国務次官の講演内容は極めて抑制的なものだった。客観的な現状認識を指示しただけである。シャーマン国務次官は、日中韓がそれぞれ抱える問題については三カ国それぞれが冷静に対応してほしいと語った。尖閣についても、また慰安婦についても言及し、「歴史問題はそれぞれに責任がある」という趣旨の講演を行った。

この内容に韓国側は激怒した。韓国のプラットフォームは「日本だけが悪く、日本だけに責任がある」からである。これは、被植民地意識を売り物にする、何事も客観視できない肥大した被害者意識に裏打ちされた〈甘えの構造〉だ。韓国メディアは勝手に「米国が日本に寝返った」と解釈し、感情的な記事をいつもの扇情的な調子で報道したのである。

変わらない韓国

米大使襲撃の伏線は歴史的に述べることができる。今から百十一年前の一九〇八年に遡ることができ、それは福沢諭吉が「脱亜論」を書いた二十三年後の出来事だった。

日本政府の推薦で大韓帝国の外交顧問に就任した米国人外交官に、ダラム・ホワイト・スティーブンスという人物がいた。すでに述べた通り、「大韓帝国」は日清戦争の日本勝利で清の支配から解き放たれ、独立した朝鮮の国号である。スティーブンスは外交顧問として日本との条約を大韓帝国に有利にするため、誠意をもってその職務を果たしていた。そんな彼が米国帰国後、サンフランシスコの新聞のインタビューに応じたのだ。その中に「日本の存在が大韓帝国の一般人民の利益になっている」という一言があった。これが在米韓国人の激しい反発を呼んだ。スティーブンスはそのインタビューの撤回を迫られたが拒否した。そしてそれが理由になり、スティーブンスは二人の韓国人に暗殺されてしまったのである。

リッパート大使はオバマ大統領の側近中の側近だった。対中融和、親韓反日的な外交政策に沿うような仕事ぶりを十分に見せていた。リッパート大使の在韓米国大使就任記者会見では、会場にはなぜか韓国人の美人記者が勢揃いしていた。他国の大使就任記者会見は知らないが、韓国では少なくとも米国大使の就任会見には、韓国美女が記者会見室に勢揃いするのである。

記者たちは、少しでも日本を非難するコメントを引き出そうと躍起になっていた。リッパート大使襲撃事件は百十一年前のスティーブンス暗殺事件のデジャブである。

北東アジアの情勢を前出のシャーマン国務次官が二〇一五年の時点でどこまで理解していたかはわからない。現在の韓国が、日本が日清戦争に勝利し、華夷秩序を破壊して朝鮮を独立させたその前の時代、つまり日清戦争前の北東アジアに戻ろうとしているということはすでに述べてきた。

二〇一五年のリッパード大使襲撃事件で、米国はやっと韓国というアポリア、つまり難問の存在を理解できたのかもしれない。韓国の排外主義と激しい左右民族主義の根っ子は同じものだ。このヘイトクライム（民族憎悪犯罪）というべきものは韓国の特産品であり、歴史問題に託した日本に対する恒常的な攻撃もこれと同質なものだ。

「台湾の声」という有名なメルマガがある。二〇一五年（平成二十七年）二月二十六日、「台湾の声」が、台湾独立建国聯盟日本本部委員長の王明理氏の次のようなメッセージを伝えた。

《私は、台湾は台湾、中国は中国、両者は2つ異なる国であることを良く理解している！

このタイトルは私が言ったのではなく、アメリカ人、大リーグの監督が言ったのである。

一昨年3月のオリオールズのバック・ショーウォルター監督の注目すべき発言が、最近、再び在米台湾人の間で話題になっている。

彼は言った。「台湾は台湾で中国ではない。これからはチャイニーズ・タイペイと言わずに台湾と呼ぼう！」と。

それに引き比べ、日本のマスコミの見識の無さには愕然とする。連日、春節の中国人観光客の爆買いを取り上げているが、台湾人を中国人観光客として取り扱っている。台湾人と中国人の区別がつかないのか、わざとやっているのか？

日本人が世界中の誰よりも一番よく分かっているはずのことなのに！

戦争中、日本兵として一緒に命を賭して戦ったのが台湾人、敵だったのが中国人ですよ！

苦楽を共にした台湾人のことを、全て忘れ去ろうというつもりでしょうか？

例えば、話題の映画「ＫＡＮＯ」が伝えるように、日本がもたらした野球文化は今も台湾に深く根付いている。スポーツはフェアプレーの世界。運動競技以上の貴い価値観を青少年はもちろんのこと、社会に育んできたはず。
日本が残してきた数えきれない文化遺産が、台湾には温存されている。それをよく知って文化を共有し育てていくことが、日本をも豊かにするはずだと思う。そんな貴重な台湾という存在をないがしろにして、金と権力こそが全てと考える中国人と同列に扱い、札束を数える様子を追いかける日本のマスコミには本当にがっかりします》
（『台湾の声』二〇一五年二月二十六日）

普段は物静かな王明理女史だが、珍しく憤っている。ここに、私たち日本人の、北東アジアからどのように精神的に離脱しながら明るい開けたアジアに向かうかという、今後のあるべき方向性がある。
二〇一五年、外務省がウェブサイトで国別に公開している「基礎データ」の韓国のページに異変が起き、話題になった。面積や人口といった一般的な事柄に加えて、南北関係や経済情勢など多岐にわたって解説されているページである。異変があったのは、

「二国間関係」の「政治関係」の項目だ。従来、次のように記されていた。

《韓国は、我が国と、自由と民主主義、市場経済等の基本的価値を共有する重要な隣国であり、近年、両国の関係は、一層の深みと広がりを見せている》

前述したが、これが、次のように更新されたのである。

《韓国は、我が国にとって最も重要な隣国であり、近年、両国の関係は、一層の深みと広りを見せている》

つまり、外務省の公式文書から《(日本と)自由と民主主義、市場経済等の基本的価値を共有する》という記述が削除されたのである。これはある意味、日本の韓国への最後通告だった。そして遂に今年は《最も重要な隣国》も削除されたのは前述した通りである。韓国の対日姿勢がどれだけ日本人を怒らせているかということではなく、感情論の対局にある冷徹な国家理性の働きである。

こうしたできごとのあった二〇一五年、当時の朴槿恵大統領は三・一独立運動記念のスピーチでこう述べていた。

「（韓日は）自由民主主義と市場経済の価値を共有する重要な隣国だ」

この言葉を日本は頭から否定したわけである。

二〇一五年の二月二十四日、米国の外交専門誌「フォーリン・ポリシー」に「Asia's New Triple Alliance」（アジアの「新しい三角同盟」）というダニエル・トワイニング氏の記事が掲載された。非常に示唆に富む記事だった。

誌面には大きくインドのモディ首相とオバマ大統領が腰かけて握手をしている写真が掲載されていた。しかし主役はオバマ大統領でなく、身を乗り出してアグレッシブに前進する姿勢がイメージされるモディ首相である。

一方、オバマ大統領の表情は生気がなかった。世界的な二人の指導者として対照的な写真だった。

この記事の白眉は、「アジアでもNATOが成立するであろう。その中軸を担うのは、日本とインドと米国である」と明快に主張している点だった。「新しい三角同盟」とは、日米印の三カ国だ。先に紹介した安倍首相の英語論文「アジアの民主的安全保障ダイアモンド」そのものなのである。

トランプの登場

そして二〇一六年、米国大統領選で共和党ドナルド・トランプが民主党ヒラリー・クリントンに勝利し、二〇一七年、トランプ政権が誕生した。トランプが言った「アメリカ・ファースト」とは、簡単に言えば、「世界よ、アメリカに頼るな」という意味である。

米国はもちろん、第二次世界大戦の勝利国である。戦後すぐの時代、米国は世界のGDPの約半数を稼ぎ出していた。

つまり、かつて世界の半分は米国の市場だった。米国が予算を割いて世界各国の安全保障を引き受け、「世界の警察」として機能し、安定した経済活動を保障していたことは米国の国益にかない、収支が合うものだった。

しかし現在、二十一世紀に入ってから、米国のGDPの世界比は二十％強である。もはや米国が世界の面倒を見る理屈は存在しない。経済的にそんな余裕もない。トランプの「アメリカ・ファースト」は理論的にも正しいのである。したがって、ここにまた、安倍首相の英語論文「アジアの民主的安全保障ダイアモンド」の時代との整合性が立ち現れてくる。

トランプが大統領戦に勝利を決めてすぐの二〇一六年十一月、安倍首相はニューヨークのトランプタワーに飛んで会談をした。その様子を産経新聞は次のように伝えた。

《米ニューヨーク中心部・マンハッタンにそびえる高層ビルで、金色に輝く外観のトランプタワー。その私邸部分で、中国、ロシアをはじめ世界が注視する中で行われた安倍晋三首相と米次期大統領、トランプ氏の会談は、当初45分間だった予定の2倍に及ぶ1時間半にわたった。

「会談は非常にうまくいった。これは大丈夫だなと感じた。彼は人の話をよく聴くタイプで、うまくやっていけると思った」

安倍首相は会談後、満足げに周囲にこう語った。会談内容は明らかにされていないが、関係者によると、首相が日米同盟に関する基本的な考え方や環太平洋戦略的経済連携協定（TPP）を念頭にした自由貿易の重要性について自身の考えを切々と説いたところ、トランプ氏は静かにうなずきながら聞き入っていたという。

「（攻撃的だった）選挙中の彼とは別だということだ。（安全保障面でも経済面でも）信頼関係を絶対に築けると確信した」

安倍首相は周囲にこうも語った。当初は首相への警戒心を隠さなかったオバマ大統領よりも、むしろやりやすかったのだろう》

（『産経新聞』二〇一六年十一月十九日）

安倍首相は「アジアの民主的安全保障ダイアモンド」の中で《日本にとって米国との同盟再構築以上に重要なことはない。米国のアジア太平洋地域における戦略的再編成期にあっても、日本が米国を必要とするのと同じくらいに、米国もまた日本を必要としているのである》と書いたが、時代はそのように動いている。

二〇一七年七月、北朝鮮は大陸間弾道ミサイル（ＩＣＢＭ）の発射実験を行った。大陸間弾道ミサイルとはつまり、米国にまで届く核ミサイル、ということである。これを受けて安倍首相はただちにトランプと電話会談を行っている。産経新聞は次のように伝えた。

《日米首脳の電話会談で、トランプ大統領は中国の対北朝鮮政策に失望感を強める中、再び安倍首相に強い信頼を寄せる姿勢を示した。米政府は北朝鮮の大陸間弾道ミサイル（ＩＣＢＭ）開発に危機感を強めており、圧力強化で足並みをそろえる日本の価値を再確認したといえる。

「あなたが言った通りになった」。トランプ氏は首相にこう語りかけた。首相が過去に「北朝鮮の核・ミサイル開発は日本だけではなく、米国にとっても脅威となりうる」と警告したことを評価したものだ。

首相は金正日前政権と金正恩政権の違いについて「金正日総書記時代は対話を引き出そうとしていたが、今は軍事開発に進んでしまっている」との見解も示した。過去の経緯について意見を求めたトランプ氏に応じたもので、同席者は「いつもより突っ込んだやりとり」と受け止めた》（『産経新聞』二〇一七年八月一日）

変わりゆく世界秩序の中で、安倍首相のとる国際戦略と外交政策は正しい方向に進んでいる。それは、「アジアの民主的安全保障ダイアモンド」が根底にあるからだ。しかもその戦略は、トランプ大統領の利害とも一致している。「自国の安全は自国で守る」ことについて、これまでの日本のリーダーが避けてきた問題に取り組む姿勢を見せるからこそ、トランプ大統領は安倍首相の「話を聞く」のである。

参考となる安倍首相の対半島対応

実は、安倍首相の対朝鮮半島対応こそが、私たちも手に入れるべき韓国、北朝鮮のいわゆる「トリセツ」の参考になるのである。これは右も左もない。「反アベ」「アベ死ね」などと言っている連中は損をしている。

二〇一九年二月二十八日に第二回目の米朝首脳会談がベトナムで行われた。トランプ大統領から電話で報告を受けた安倍首相の対応は次のようなものだった。

《安倍晋三首相は28日夜、トランプ米大統領と電話会談し、米朝首脳会談の報告を受けた。首相は会談後、トランプ氏が非核化で妥協しない姿勢を示したことについて「安易な譲歩を行わず、北朝鮮の具体的な行動を促していくトランプ氏の決断を全面的に支持する」と記者団に語った。トランプ氏が拉致問題を提起したことを評価し「次は私自身が金正恩朝鮮労働党委員長と向き合わなければならない」と言及した。

首相は、トランプ氏が2月27日、金氏との1対1の会談とその後の夕食会で、拉致問題を取り上げたことも明らかにした》（『産経新聞』二〇一九年二月二十八日）

安倍首相の具体的な発言は次の通りだ。

《先ほどトランプ氏と電話首脳会談を行い、2回目の米朝首脳会談の結果について報告を受けた。朝鮮半島の非核化を実現するとの強い決意のもと、安易な譲歩を行わず、同

時に建設的な議論を続け、北朝鮮の具体的な行動を促していく。そのトランプ氏の決断を日本は全面的に支持する》

《日本にとって重要な拉致問題については、昨夜の通訳を交えての1対1の会談で、私の拉致問題についての考え方を金正恩朝鮮労働党委員長に伝えていただいた。詳細については、ここで紹介することは差し控えるが、その後の夕食会でも再びトランプ氏が拉致問題を提議し、首脳間で真剣な議論が行われたと聞いている》

《次は、私自身が金氏と向き合わなければいけないと決意している。今後とも拉致問題、核問題、ミサイル問題の解決に向けて日米でしっかりと緊密に連携していきたい》

（『産経新聞』二〇一九年二月二十八日）

アメリカは、「世界の警察」たる立場から退こうとしているとはいえ、いまだ世界一強力な軍事力をもつ国である。安全保障の原則として、「日本にとって（世界一強い・西村注）米国との同盟再構築以上に重要なことはない」（「アジアの民主的安全保障ダイアモンド」）のは当然である。

その軍事力世界一の座が今後の歴史においてどうなるかはわからないにしても、当面、米国を軍事的に脅かす勢力については排除すべきと考えるのが常識的論理というものだ。また、朝鮮半島は、そこに朝鮮半島がある限り、永遠に日本列島の地政学的要衝である。そこを他国によって核武装化させるわけにはいかないことは、歴史に学んで明らかなことである。

韓国は北朝鮮の手下の国だと考えていいだろう。レーダー照射の問題にしても徴用工の問題にしても、一向にやめる気配のない慰安婦関係の問題にしても、何かにつけすべて「人道」的問題に捏造・演出してちまちまと日本を突っつく役回りを演じている。

二〇一八年十月に徴用工訴訟を韓国大法院が結審した際、安倍首相は次のように対応した。

《安倍晋三首相は30日、韓国の元徴用工をめぐる訴訟で日本企業に賠償を命じるとした韓国の最高裁判決を受け「本件は１９６５（昭和40）年の日韓請求権協定で完全かつ最終的に解決している。今般の判決は国際法に照らしてあり得ない判断だ。日本政府としては毅然と対応する」と述べた。官邸で記者団に語った。
河野太郎外相は韓国の李洙勲（イ・スフン）駐日大使を外務省に呼び、「国交正常化以来、両国の友好関係の基盤となってきた法的基盤を根本から覆すものだ」と強く抗議するとともに、「日本の企業や日本国民に何らかの不利益が生じないよう、直ちに必要な措置を厳格に取ってほしい」と求めた》（『産経新聞』二〇一八年十月三十日）

また、二〇一九年四月、離任の決まった駐日韓国大使に対して、次のように伝えている。

《安倍晋三首相は8日、首相官邸で、離任が決まった李洙勲（イ・スフン）駐日韓国大使と面会し、韓国・江原道の山火事の被災者へのお見舞いのメッセージを伝えた。その上で、いわゆる徴用工問題や慰安婦問題など、韓国側が作り出した日韓間の懸案について韓国側の適切な対応を求め、「文在寅（ムン・ジェイン）大統領にも伝えてほしい」と述べた。

文政権は、徴用工問題をめぐる昨年秋の韓国最高裁判決で生じた国際法違反の状態を是正しておらず、慰安婦問題の「最終的かつ不可逆的」な解決を約束した平成27年末の日韓合意に反する行為を続けている。

また、首相と李氏は北朝鮮問題をめぐる日韓連携の重要性を改めて確認した》

（『産経新聞』二〇一九年四月八日）

大人の対応と言うべきだろう。朝鮮半島やアジアの文明史が専門の歴史学者、筑波大学大学院教授の古田博司氏は、次のように述べている。

《庶民である日本国民は、あくまでも「助けず、教えず、関わらず」の非韓3原則で対応し、彼らの騒ぎに巻き込まれないように、対岸の火事を見るがごとくにし、「『自衛的核武装』を強調し、米中を引っ張らねば、北朝鮮の核問題は打開できない」などという、日本からの援護を求める韓国内の声に耳を貸してはならない》

（『産経新聞』「正論」―南北の「政略劇」にだまされるな―　二〇一六年二月十日）

実はこの古田氏の言説こそ、「トリセツ」のすべてだと言えるのである。

韓国と北朝鮮は同じ国

両国の経済的連携

先にも紹介した古田博司氏の論説は明解にして論理的であり、私たちがどのように韓国、北朝鮮に相対すればよいかをわかりやすく教示してくれる。前提として、韓国と北朝鮮は常に連繫している、つまり同じ国である、ということがポイントだ。前出の《『産経新聞』「正論」―南北の「政略劇」にだまされるな―》からあらためて紹介していこう。

古田氏はまず、《韓国は北朝鮮の経済を支えてきた》と言う。

《金大中政権時では、引退後の処遇を恐怖する金大中氏が、当時5億ドルの秘密支援を北に行い、南北首脳会談を実現してノーベル賞の権威付けによってこの恐怖を逃れた。

秘密支援は3年後に暴露された。この時北は10億ドルを要求したという。
続く盧武鉉政権時では、北に国家支援を行うとともに、秘密支援も行ったものとみられ、06年10月に北が初の核実験を実施した翌年に、盧氏は南北会談を実現する。この時、南北間に直通電話があったことを、昨年（２０１５年・筆者注）に元国家情報院長・金万福氏が暴露している。
08年からの李明博政権時には、北とのパイプは一時途絶したため、当時連続して事件が起こった。09年5月に2回目の核実験が行われ、翌10年3月には哨戒艇「天安」沈没事件、同11月には延坪島砲撃事件が起こる。翌11年6月には、事件の際に、北朝鮮が謝罪したような折衷案を作ってくれと、韓国が非公開会議において金銭で懇請したことが、北朝鮮の国防委員会により暴露された。裏金の支払い方で問題が生じたものと思われる》
（前掲『産経新聞』「正論」―南北の「政略劇」にだまされるな―）

北朝鮮がいかに韓国の政権つまり韓国の財政を握り得る者に対してカツアゲを行って食ってきた国であるかが手に取るようにわかるだろう。

そして一方では、すでに述べてきたように韓国国内は、北朝鮮に「大韓帝国」の伝統を感じ、北朝鮮が核実験を行った際には両手を挙げて祝福するような心理的状況に常にあるのである。

反北政権への対応

とはいっても韓国はいちおう民主主義を標榜する国家であり、選挙によって大統領は選ばれる。内外にさまざまな工作はあるにせよ、時には半北朝鮮の政権が誕生することもある。

二〇一三年に誕生した朴槿恵政権は、反北朝鮮の政権だった。それは、朴槿恵大統領が就任後すぐに訪中した際に中国メディアに対して答えた次のような発言に端的に表れている。

《韓半島信頼プロセスは、北朝鮮が非核化を選択した場合を想定している。具体的には、北朝鮮に対する人道支援と低いレベルの経済協力、延いては交通・通信の大規模インフラ投資まで含まれた非常にマクロ的な対北朝鮮政策である。もし北朝鮮が核を放棄し、国際社会の要求に前向きに応えれば、韓国は北朝鮮を積極的に支援し、南北共同発展を実現していく計画だ》

北の非核化を公言する限り、反北朝鮮である。そして朴槿恵は、セウォル号沈没事故への対応不備、あるいは崔順実ゲート事件などといった一連の不祥事を理由に、二〇一七年三月十日に大統領弾劾を成立させられて罷免された。徹底的につぶされたわけである。

朴槿恵政権に対する北朝鮮の対応について古田氏は次のように述べている。

《これまでの弾道ミサイル実験は核実験の数ヵ月前に予告のように行われた。06年7月と09年4月であった。3回目は、失敗した4月を除けば、12年12月に行われ、3回目の核実験は2ヵ月後の13年2月12日に行われた。反北の朴槿恵政権が発足する約2週間前である。

ここまでたどれば、北朝鮮のネライは明らかだろう。金大中・盧武鉉政権時代の国家支援と秘密支援の蚕食いが体質化し、その後もオドシとタカリを繰り返すようになったのである。

昨年（2015年・西村注）の8月4日、朴槿恵政権下で起きた軍事境界線の地雷爆発事件では北朝鮮が「準戦時状態」を宣言し、南北高官による会談が開かれたが、会場は韓国領内、韓国側の代表者2人は北朝鮮シンパで、加えて協議の映像が青瓦台（ソウル特別市鍾路区北岳山麓にある大統領官邸・筆者注）に中継された。国家安保戦略研究院の劉性玉院長は朝鮮日報8月24日付で、事件のたびにケーブルテレビによる「トップ交渉」が行われていたことを暴露した》

（前掲『産経新聞』「正論」―南北の「政略劇」にだまされるな―）

北朝鮮の核実験にしろ、南北間で勃発する軍事的事件にしろ、すべてマッチポンプ的に、南から北への金銭提供のために行われてきたものだ、ということである。稼いでは北朝鮮に吸い上げられる韓国国民としてはたまったものではないだろう。いや、事情を知れば韓国国民は、惜しまず金銭を北朝鮮に捧げるのかもしれない。しかし、韓国国内のことはどうでもいい。自らが蒔いた種である。問題は、こういったこと、つまり結局は南北の国内問題であるのに、核がからんでいることで日本を含めた周辺諸国に影響を与えてしまうということだ。

古田氏はこう続けている。

《このような南北間の事件と裏取引のたびに、周りの諸国は「脅威」の演出に振り回され、中国は北朝鮮の核抑止に努力しなければ高高度防衛ミサイル（ＴＨＡＡＤ）を設置するぞと、朴槿恵大統領に言われ、日本は安保理決議の音頭を取らされ、〝裏金の値踏み〟に一役買わされているのである。真に迷惑千万な話だ》

（前掲『産経新聞』「正論」―南北の「政略劇」にだまされるな―）

核と統一のしがらみ

南北のこうした状況は、ある意味で構造的なものだ。慢性的であり、自浄を期待することはできない。

古田氏はこう述べている。

《では、このような状況を打開するにはどうすればよいか。彼らに知恵がない限り、周りの諸国は政略的にならざるを得ない。ここまで両者が歩み寄る交渉の積み重ねがあるのだから、南北統一ができないはずはないのである。

1980年10月に故金日成主席による「高麗民主連邦共和国」構想の提唱があった。周りの諸国は、この構想を生かすべく促すのが最善の策だと思われる。ただし、統一と引き換えに、核放棄をさせることが前提でなければならない。さもなければ、日本の対岸の東アジア地域は、すべて核保有国となり、深刻な脅威が日本国家に及ぶことであろう》

そして、古田氏による「トリセツ」の核心へと続く。

《庶民である日本国民は、あくまでも「助けず、教えず、関わらず」の非韓3原則で対応し、彼らの騒ぎに巻き込まれないように、対岸の火事を見るがごとくにし、「『自衛的核武装』を強調し、米中を引っ張らねば、北朝鮮の核問題は打開できない」などという、日本からの援護を求める韓国内の声に耳を貸してはならない。

なにしろコリアは、豊臣秀吉軍の災禍いまだ覚めやらぬ頃、満州軍の侵攻を受けるや、「日本に助けてもらおう」という声が平然かつ澎湃《ほうはい》として起こる国である。「士大夫間に亦た行言あり、倭に請うて来るを欲するに至る」（『仁祖実録』仁祖17年7月22日丁丑条）。歴史に学ぶとは、このような民族の行動パターンに学ぶことを言うのであろうか》

（前掲『産経新聞』「正論」―南北の「政略劇」にだまされるな―）

故金日成主席が提唱した「高麗民主連邦共和国」構想について補足説明しておこう。「高麗民主連邦共和国」構想は一九八〇年十月、朝鮮労働党成立三十五周年を記念して行われた第六次朝鮮労働党大会で発表された。当時の韓国大統領、軍人出身の全斗煥に対して提唱されたものだ。

「高麗民主連邦共和国」構想は、「自主・平和・民族大団結による統一」というスローガンをもち、一民族・一国家・二制度・二政府の下に連邦制によって統一することが主張されていた。簡単に言えば、国の名前はひとつになるが、今までどおり共産主義と資本主義に分かれ、政府も2つ存続するということだ。連邦議会や代表政府をどうするかということについての詳細はない。

結局、韓国側がこの提案をのむことはなかった。一九八〇年時点での構想では、北朝鮮が明らかに政治面で優位な地位につくことになっており、韓国に対して、国家保安法の撤廃、国内での共産主義政党結成の容認、そして在韓米軍の撤収などを求めていたからである。

二〇一九年二月に開催されたベトナムでの米朝首脳会談を控えた時期、さまざまな言論人が会談結果を予想する記事を展開していた。その中で南北統一について触れていた国際投資アナリスト大原浩氏が『産経デジタル「iza（イザ！）」』に寄稿していた記事が興味深かった。抜粋して紹介させていただく。

《朝鮮統一のケースを考えると、韓国の1人当たりGDPは約3万ドル（約330万円）で、人口は約５０００万人。これに対し、北朝鮮の１人当たりＧＤＰは１８００ドル（約19万８０００円＝推定）で、人口は２５００万人程度（同）とされる。

ただ、北朝鮮のＧＤＰの大部分が金一族の支配下にあるとされ、庶民の１人当たりＧＤＰは実際には月額１ドル、年間12ドル程度との報道もある。

このような絶望的格差がある中で、左派以外の一般の韓国人が、本音では朝鮮統一など全く望んでいないといわれるのも無理はない。南北が統一される場合、北朝鮮に合わせる形で韓国の生活水準が下がることが予想されるためだ。

米トランプ政権も「北朝鮮主導」で統一を容認する可能性が高いと筆者は考える。

軍事戦略において味方の裏切りほど手痛いものはない。「味方のふりをしている敵」よりも、最初から「敵」と分かっている北朝鮮を交渉相手にしたほうが合理的であるためだ。これはトランプ大統領が正恩氏との会談を重視していることからも明らかだ。

最近の日露平和条約交渉の急速な進展や、中距離核戦力（ＩＮＦ）全廃条約の破棄の動きにも注意が必要だ。米国の最大の脅威は、旧ソ連に匹敵する力をつけつつある共産主義中国であり、もはやロシアではない。（中略）

中国の不倶戴天の敵であるインド、米軍基地のある日本と朝鮮半島、それにロシアを引き込めば、中国包囲網が完成し、習近平国家主席は手も足も出せなくなる。

そうしたトランプ戦略において、「朝鮮統一」問題は、北朝鮮に存在する「核ミサイル」をどこに向けさせるかも含めて、重要な意味を持ってくる。米中対立の最前線である朝鮮半島は、文字通りの火薬庫になる恐れもあるのだが、文氏はどこまで分かっているのだろうか》

（『産経デジタル「.ｉｚａ（イザ！）」』「韓国、南北統一も…待つのは「貧困化」と「核地獄」か　文大統領は〝悲惨な末路〟どこまで理解？」二〇一九年二月十二日）

結局、二〇一九年二月のベトナムでの米朝首脳会談は「実のないままに」終わった。トランプ大統領は帰国後、「（北朝鮮の主張は）私には受け入れられなかった。私は政治家のような、合意のための合意はしたくない。時には（交渉の席から）立ち去らなくてはならない」と述べている。南北統一の大前提として朝鮮戦争の終戦宣言が必要である。米朝首脳会談の拡大会合後、記者団からそれについて質問されたトランプは「一、二日で全部できるということではない」と答えている。文在寅大統領が南北統一を悲願としていることは確かだろう。もちろんそれは、韓国にとって有利なかたちでの統一であるはずだ。しかし、統一の切り札は北朝鮮にあり、トランプ大統領にある。

二〇一九年四月十一日、ワシントンで米韓首脳会談が行われた。この年の四月十一日は、上海に「大韓民国臨時政府」が設立してから百年目にあたる。文在寅大統領が勝手に考えた建国の日であり、記念式典が予定されていたが、それを蹴っての渡米だった。

会談の様子を産経新聞が次のように伝えている。

《韓国の文在寅（ムン・ジェイン）大統領は11日（米東部時間）、トランプ米大統領との首脳会談で、膠着化した米朝交渉の「仲介役」として改めて意欲を表明した。しかし、北朝鮮は「米国の制裁に追従し、操り人形役をしている」と実質的な経済協力に移らない文政権をあしざまにメディアで非難しており、南北関係の維持にさえ四苦八苦しているのが実情だ。

「われわれ2人の関係は相当に良い。米韓関係はどの時期よりも非常に親密だ」。トランプ氏は会談冒頭、こうアピールし、文氏が北朝鮮の金正恩（キム・ジョンウン）朝鮮労働党委員長を説得することに期待をにじませた。

ただ、両首脳だけの会談はトランプ氏が29分中の大半を報道陣と質疑応答に充て実質的会談は約2分間。首脳だけで突っ込んだ会話を交わしようもなかった》

現在の韓国、文在寅大統領の立場については、《「文政権はこれまで米朝の仲介者を自認してきたが、米国はこのような韓国の立場はもはや認めない。韓国は日米韓同盟の一員として協力すべきである」。これが韓国の主要紙の論調から読み取れる文在寅大統領の訪米の評価である》（『ダイヤモンド・オンライン』元駐韓大使・武藤正敏の「韓国ウォッチ」二〇一九年四月一二日）という見方もある。おそらくこの通りだろう。

頼みの綱は日本の安倍政権ということにもなるだろうが、古田氏の言う通り、「日本からの援護を求める韓国内の声に耳を貸してはならない」。

第四章　同じく日本統治下にあった台湾という国

台湾と韓国、なぜ、こんなに違うのか

李登輝総統という存在

戦前、同じく日本の統治を受けた国でありながら、台湾と韓国は日本に対してそれぞれ正反対と言ってもいいほどの態度を取る国である。

台湾は世界一の親日国と言われている。日本台湾交流協会が行っている台湾国内での世論調査によれば、二〇一六年、もっとも好きな国として日本を挙げた台湾人が五十六％にのぼり、過去最高となった。

二位は中国で六％、三位はアメリカで五％。台湾には大陸出身者もいるから二位に中国が入るのは当然だろうが、それにしても、一位の日本とは、三位のアメリカにしても、圧倒的な開きがある。台湾はそれだけ日本に対して、現在さらに関心を高めてくれている国だ。

台湾と韓国がまったく違う理由は二つある。一つめは、戦後の両国をリードした指導者の違いということ。二つめは、第二次世界大戦の勝利国である連合国、特に米国の

「分割統治」と呼ばれる帝国主義的な占領地域政策によるものだ。

台湾においては、李登輝（一九二三年〜）という人物の存在がきわめて大きい。李登輝氏は、国民党という大陸寄りの政党の重鎮だったが、中国共産党に対しては常に毅然とした態度を示すことで知られている政治家だ。一九八八年、李登輝氏は蒋介石の息子・蒋経国の死去を受けて台湾総統に就任し、二〇〇〇年まで総統職と国民党主席を務めた。

台湾は日清戦争後の下関条約によって、一八九五年（明治二十八年）に清から割譲された。一九二三年（大正十二年）生まれの李登輝氏は、日本統治時代の台湾で青春期を送っている。

一九四三年に台北高等学校を卒業した李登輝氏は、日本本土の京都帝国大学農学部農業経済学科に進学した。一九四四年に学徒出陣により出征した経験を持つ。終戦は名古屋で迎えたということだ。

二〇〇二年に故・阿川弘之氏ら有識者が創設した「日本李登輝友の会」の設立講演で李登輝氏は次のように述べている。台湾という国が単なる親日国ではないということがよくわかる、かつ、たいへん示唆に富む内容だ。

《台日両国民には文化的にも精神的にも非常に近いものが感じられます。しばしば台湾人は日本人に、あるいは日本人は台湾人に、それぞれ親近感を持っていると言われるのもそのためなのでありましょう。（中略）

さて、日本及び日本人特有の精神は何かと問われれば、私は即座に「大和魂」、あるいは「武士道」であると答えるでしょう。「武士道」は日本人にとっては最高の道徳規範です。（中略）

しかしまことに残念ながら、世界が今最も頼りとするべき日本では、「武士道」も「大和魂」も1945年の終戦以降はほとんど見向きもされず、足蹴にされている状態にあります。もちろんその背景には、日本人の戦争という「過去」に対する全面否定、つまり自虐的価値観というものが大きく作用しているのでありましょう。（中略）

私は台湾人であり、日本人から見れば外国人ですから、日本に対してここまで言うのはどうであろうかという気持ちもありますが、ただ一人の人間として、やはり良いもの

は良い、悪いものは悪いと言うべきだと考えております。（中略）

私は日本の統治が始まってから28年が経った１９２３年、現在の台北県三芝郷に生まれました。当時の日本の教育システムは実に素晴らしいもので、古今東西の先哲の書物や言葉に接する機会を、私たちにふんだんに与えてくれるものでした。また「教育勅語」には、「人間はどのように生きるべきか」という哲学的命題から、「公」と「私」の関係についての指針が明確に教えられていました。

そのため旧制中学、高校時代は、学校教育や読書の影響もあり、自己修練の気持ちが強くなるとともに、「いかに生きるべきか」ということから、さらには「死とは何か」という大命題までを考えるようになったのです。

人間は「死」というものを真剣に問い詰めて初めて「生」を考えることができるものです。つまり死生観について、当時の私は懸命に考え続けてまいりました。そうした中で出会い、そして多大な影響を受けたのが新渡戸稲造先生の哲理、理論でした。そしてその中でも強い衝撃を受けたのが、その著書である『武士道』だったのです。（中略）

彼によって再発見された「武士道」は、日本人の「不言実行あるのみ」の美徳であり、

「公」と「私」を明確に分離した、「公に奉じるの精神」とも言って良いでしょう。もちろんそれは、中国文化とは全く異質のものです。（中略）

だからこそ私は、終戦後における日本人の、価値観の１８０度の転換を非常に残念に思うのです。今日の日本人は一刻も早く戦後の自虐的価値観から解放されなければならないと思うのです。

そのためには日本人はもっと自信と信念を持つことです。かつて「武士道」を築き上げた民族の血を引いていることを誇るべきなのです。そうすることで初めて、日本は世界のリーダーとしての役割を担うことができるのです。（中略）

大東亜戦争において台湾原住民の高砂義勇隊が見せた勇猛精神、自己犠牲の精神はよく知られているところです。さらに言えば、よく指摘される台湾人の「日本精神」（リップンチェンシン）がありますが、これも台湾の国民精神の重要な一つだと言わなければなりません。

これは日本統治時代に日本人に学んだ、ある意味では純粋培養されたとも言える勇気、勤勉、奉公、自己犠牲、責任感、遵法、清潔といった諸々の良いことを指すものですが、実はこの言葉が人口に膾炙したのは恐らく戦後からで、中国からきた統治者たちが持たないところの、台湾人の近代的国民としてのこれら素養、気質を、台湾人自らが誇りを以って「日本精神」と呼んだのです。

言うなれば、この「武士道」としての「日本精神」があったからこそ、台湾は中国の人治文化に完全に呑み込まれることがなかった、抵抗することができたともいえます。これがあったからからこそ、この近代社会が確立されたともいえるのです》

台湾が世界に確固たる国家となるためには日本との連携が必要であるということを、台湾は強く認識している。だからこそ日本が好きであり、日本に対して「もっとちゃんとしろ。かつてはちゃんとしていたじゃないか」と言う。台湾とはそういう国である。

もちろん、韓国にも、李登輝氏のような人物は少なからずいたはずだ。しかし、すでにくり返し述べてきたように、朝鮮半島の国は古来一貫して事大主義的な歴史を持っており、韓国という国は第二次世界大戦後、連合国の思惑によって独立させられた国だ。東西冷戦構造の中で朝鮮戦争が展開され、日本統治時代に青春を送った韓国人たちの人命も相当に失われた。

米国および連合国の分割統治

一九四八年五月に国連監視下で南朝鮮単独選挙が実施され、八月十五日に大韓民国政府は樹立された。残った朝鮮地域つまり北朝鮮でも選挙を経て九月九日に朝鮮民主主義人民共和国が建国される。

大韓民国政府樹立にあたって、米国は、李承晩という人物を初代大統領に担ぎ上げた。ここに大きな問題がある。

李承晩は、一九一九年に三・一独立運動のさなかに上海でつくられた大韓民国臨時政府の初代大統領を務め、終戦後ふたたび同地位に返り咲いていた人物だ。米国は、韓国の歴史の継続性を反日に置くことにしたのである。

朝鮮半島においては南北の対立を置き、さらには、日本と朝鮮半島との対立を置く。これは、分割統治と呼ばれる、典型的な帝国主義国家の占領地統治政策である。紛争の種を蒔いておき、主体たる帝国主義国家に矛先は向くことなく、紛争国それぞれを時々で都合の良いようにいじって統治しやすくする方法だ。

李登輝氏に相当するような人物が韓国に現れるはずもなかった。一九六三年から一九七九年までの朴正煕の大統領時代は開発独裁と呼ばれた。一九六五年（昭和四十年）の日韓国交正常化によって韓国は、日本の援助によって「漢江の奇跡」とも呼ばれる驚異的な経済発展をする。

しかし、朝鮮半島は南北に分断されており、北朝鮮に対峙するがための軍事政権という政体を崩すわけにはいかない。自国の国益を考えたうえで日本に対して正論をもつ、李登輝氏のような人物がたとえいたとしても、その人物が活躍できるような素地は韓国にはなかった。

第二次大戦後、植民地を手放さざるを得なくなったイギリスは、いずれ宗教上の理由からそうならざるを得なかっただろうとはいえ、インドとパキスタンを分離させた。紛争の種を現地に残し、イギリスが植民地統治の残滓の尻拭いをせずにすませるためである。

このような、帝国主義を推進してきた欧米列強の白人が決まってやってきたことをアメリカは朝鮮半島に対して行った。大韓帝国臨時政府を韓国の継承者としたわけだが、大韓帝国臨時政府は世界中どこの国も認めていない、実体は政府でもなんでもない、一種のゲリラ活動の拠点みたいなものだった。

大韓帝国臨時政府が実質的には何もしていなかったというのは歴史事実である。何もしていなかった政府が国を継承することに正統性などあるはずがない。しかし、韓国の憲法の前文は次のようになっている。

《悠久な歴史と伝統に輝く我々大韓国民は3・1運動で成立した大韓民国臨時政府の法統と、不義に抗拒した4・19民主理念を継承し、祖国の民主改革と平和的統一の使命に即して正義、人道と同胞愛を基礎に民族の団結を強固にし、全ての社会的弊習と不義を打破し、自律と調和を土台とした自由民主的基本秩序をより確固にし、政治・経済・社会・文化のすべての領域に於いて各人の機会を均等にし、能力を最高に発揮させ、自由と権利による責任と義務を果すようにし、国内では国民生活の均等な向上を期し、外交では恒久的な世界平和と人類共栄に貢献することで我々と我々の子孫の安全と自由と幸福を永遠に確保することを確認しつつ、1948年7月12日に制定され8次に亘り改正された憲法を再度国会の議決を経って国民投票によって改正する》

三・一独立運動から始まった日本への抵抗運動が上海の大韓帝国臨時政府にひきつがれ、その大韓帝国臨時政府が韓国の地で再興・復活して大韓民国は成立した、というストーリーである。これは神話だ。

忘れ去られた正論

日本に抵抗し、日本と戦ってできた国だという神話を憲法に明文化することで成り立っているのが韓国という国である。国家のアイデンティティは神話にあり、神話を維持するためにはウソが必要であり、そのウソの数々を正当化することをモチベーションとして韓国の反日行為がある。

戦前においては、台湾ももちろんそうだが、当然のことながら一部にはそうではない人々もいたにせよ、朝鮮半島の大衆は、貢献の意思をもって日本国民たる仕事をした。

しかしそんなことは、韓国憲法前文が明らかに示しているように、忘れ去るべきものとなっている。

たとえば「徴用」という言葉の扱いがそれを端的に示すだろう。徴用とは、日本人と朝鮮人に公平にあたえられた戦時下の日本国民としての義務、という意味だ。差別ということをあえて取り上げるなら、これは、むしろ日本人と朝鮮人を平等にあつかったということの証拠でもある。

今の韓国メディアは、徴用に「強制」という言葉を付け加え、ネガティブの度合いを強める。神話の強化だ。日本を「悪」として絶対化すること、なにがなんでも日本が悪いという歴史観を前提とすることが韓国における正論となっている。歴史観というより一種の存在論として、韓国人の中に植え付けられている。

米国はそれを占領政策として採用し、李承晩を大統領に担ぎ上げて韓国を傀儡国家とした。北朝鮮もまた、こちらはソ連の傀儡国家として誕生した国である。第二次世界後の世界秩序である東西冷戦の構造が朝鮮半島にそのまま投影されているのが朝鮮半島の南北分断国家だ。

米国にしてみれば、第二次世界大戦以前の日本と朝鮮半島の関係は望ましくない。日本が朝鮮半島の近代化および発展のために尽くし、朝鮮人もまた日本に尽くしたという歴史は、分断統治には邪魔である。しかしこの日本と朝鮮半島の関係は、客観的な歴史的事実だ。

日韓併合には、日本が西欧諸国に押し付けられた政策であるという側面もある。シナ大陸で覇権を争い、いかに清をつまみ食いしようかと考えていた西欧列強にとって、安定しない朝鮮半島はやっかいものだった。もちろん、西欧列強のそういった態度は日本にとって、棚からぼたもち的なものでもあった。

一九一〇年当時は、日露戦争で勝利はしているもののいまだロシア帝国の脅威への対処は必要だった。大陸に進出してきている西欧列強に対する防衛線としても、朝鮮半島は安全保障の観点から支配下におくべきものとして、そのメリットは大きいと考えられたのである。

ただし日本は、西欧諸国が伝統としてきたような西欧型の植民地政策はとらなかった。朝鮮史を専門とするアメリカの歴史学者カーター・J・エッカートは次のように述べている。

《植民地時代の歴史のなかで、朝鮮経済史の研究者の目を最も引くものは、植民地であったにも関わらず工業が著しい発展を遂げたという事実である。その次に印象的で、しかもより興味深い事実は、植民地下という状況にありながら、多くの朝鮮人がその工業発展に積極的な役割を果たしたという点である。これは趙自身（歴史学者の趙景達・西村注）がおこなった植民地時代の朝鮮人企業家に関する詳細な研究からも明らかだ（本人の意図とは異なるかもしれないが）。趙はそのような企業は日本帝国のシステムの外部で、それに対抗して発展した「民族資本」であると主張することで、大きな矛盾に陥るのをかろうじて避けている。だが、そのような議論は問題を解決するどころか、さらに多くの問題を提起するだけであり、しかもあとで見るように、実際に起こったこととは正反対なのである》

（『日本帝国の申し子　高敞の金一族と韓国資本主義の植民地起源　1876-1945』小谷まさ代・訳、草思社、二〇〇四年）

日本と朝鮮半島の間に火種をつくっておいたほうが米国には都合がよい。日本と朝鮮半島がぴったりと同調してくれては困るのである。

撲殺された親日老人

韓国では、李登輝氏のような人物がいたとしても活躍できるはずもなかった。李登輝氏は、日本本土での帝国京都大学での生活を含め、戦前の日本の近代化というもの、日本が展開していた民主主義というものを知っていた。李登輝氏は、一九四七年以来国民党によって戒厳令（一九八七年に解除）が敷かれていた台湾を民主化すべく尽力した。李登輝氏は、先の講演の内容にあるように、その原動力を少なからず日本統治時代の体験から得ていた。

「日本統治」とひとつの言葉で表現される用語が、台湾と韓国では圧倒的に違いがあるのだ。

「湾生」という言葉が台湾にある。日本統治時代の台湾で生まれて終戦で日本本土へ引き揚げた日本人を指す。湾生と呼ばれる人々は、台湾の映画にたびたび登場する。そういった人々との絆を大切にしようとする情緒を台湾人はもっている。

韓国にこの情緒はない。二〇一三年、韓国で「日本統治時代はよかった」と口にした九十五歳の老人が若者に撲殺される事件が起きた。「J-CASTニュース」というネットメディアが次のように伝えている。

《韓国紙「世界日報」によれば、事件が起こったのは2013年5月のことだ。ソウルにある宗廟市民公園が、その現場となった。

同公園は観光スポットとして知られるとともに、近所に住む高齢者たちの憩いの場でもあり、多くの人々が青空の下、囲碁や世間話を楽しんでいる。被害者の朴さん（95）も、そうした輪に加わる一人だった。

そこにやってきたのが、黄被告（38）だ。彼は大量に飲酒しており、すっかり酩酊していた。この酔っ払いと朴さんが話すうち、その何気ない一言が黄被告の「逆鱗」に触れた。

「日本の植民地統治は、良いことだったとワシは思うよ」

朴さんがどのような点を「良い」と評価したのかはわからないが、なにしろ朴さんは95歳、終戦の時点でもすでに27歳だ。日本統治の実態、そしてその後の韓国現代史を目の当たりにしてきたわけで、その発言には重みがあっただろう。一方の黄被告は37歳、朴正熙時代すらほとんど記憶していない世代だ。

「なんだと！」

しかし、「愛国者」である黄被告は朴さんの発言に激怒した。朴さんを蹴飛ばすと、その杖を奪い、怒りに任せて頭などを殴りまくった。朴さんは頭蓋骨や脳などに重傷を負い、治療を受けたものの死亡した。傷害致死罪で逮捕された黄被告は「泥酔しており心神耗弱状態だった」と主張したものの、9月10日に懲役5年の判決を受けた》

（『J-CASTニュース』二〇一三年九月十三日）

深刻なのは、韓国内のネット上での事件に関する反応である。

《驚くことに、韓国内ではこの黄被告への擁護論が少なくない。上述の世界日報からして「酒の勢いで愛国心の度が過ぎた」とやや同情的だが、さらにネット上では、黄被告を「愛国青年」などと称し、

「そもそも日帝を称賛した時点でジジイは犯罪者だろ、殺されて当然」

「懲役刑？　むしろ勲章モノじゃねえか」

「正義の審判だ！」

「裁判官は売国奴！」

などと殺人を正当化するコメントが記事に多数付けられている。無論、「これが法治国家のやることか！　韓国はいつから歴史観が違えば人を殺していい国になったんだ？」と嘆く声もあるが、過激な意見の勢力が強い韓国ネット上では押され気味だ》

（『J-CASTニュース』二〇一三年九月十三日）


この事件は日本国内でも、今の若い朝鮮人が異常な反日感情をもっていることの象徴として、ネット上でもさまざまに議論がかわされた。しかし、この事件は、それ以上に

恐ろしいものを秘めている。

現状でもし南北朝鮮が統一された場合、それがはたして何を意味するかということである。つまり、北朝鮮が核兵器をもったまま統一されたらどうなるのか、ということだ。先の記事に象徴されるような反日というキーワードをめぐる過激さを考えれば、おそらくは朝鮮半島に、中国共産党を戴く中華人民共和国よりもはるかに邪悪で恐ろしい、しかもあからさまに日本に敵意を抱く核保有国が誕生するのである。

二〇一九年四月現在、親北朝鮮の文在寅大統領はこの二年間、失政続きで支持率を落としていると言われている。しかし、その実体はどうだろうか。

《韓国の文在寅（ムン・ジェイン）大統領の支持率が２０１７年５月の政権発足後、最低を記録した。世論調査会社「韓国ギャラップ」が5日に発表した今月第1週（2～4日、成人１００３人対象）の調査結果によると、支持率は前週より2ポイント下落し41％で過去最低。不支持率は３ポイント増え49％で、文政権での最高を更新した》

（『産経新聞』二〇一九年四月五日）

過去最低とはいえ、いまだに四十％強の支持率を得ているのである。韓国人の情緒として保たれている反日原理主義というものはアイデンティティとして確立され、行動のバネとなってしまい、もはや捨てさることはできないのだろう。

台湾との関係強化

北朝鮮には、韓国よりも親日である、という側面が実はある。現在、北朝鮮人権問題運動ＮＧＯ団体「North Korea Strategy Center」の代表を務めている脱北者の姜哲煥（カン・チョルファン）氏を取材した時、氏は「韓国に入国してみたら、反日反米なのでびっくりした。北朝鮮の人民は韓国人よりも親日だ。なおかつ、本音では親米である」と言っていた。

共産主義国家の特徴として北朝鮮には、表面的には感情的であるように見せておいて、その実、きわめて利益的・合理的に動く側面がある。感情的な煽りも計算されている場合が多い。共産主義思想には、科学的に整理された革命理論があるからだ。

問題なのは韓国だ。今の韓国は異常である。統一が実現した時、反日をリードするのは韓国だろう。

すでに述べてきたように、南北朝鮮統一は現実的な視野に入ってきている。私たちは、待ったなしで、韓国をうまく取り扱わなければいけない段階に入ってきている。具体的に言えば、台湾とはまったく逆に取り扱う以外にない。台湾に対しては、さらに連携を深め、中国共産党が狙っている日本と台湾の分断工作をとにかく防ぐ、そのための関係を強化していくということになるだろう。

現状、台湾と日本が軍事同盟を結べるわけはない。日本はまだ、台湾を国家として承認していない状態にさえある。事実上の国家としての台湾承認は最低限必要だが、冷静に考えて、それは中国の顔色を見ながら、ということになろう。時期を見て大陸との関係を考えるということになる。

今はとにかく、台湾との関係を強めるしかない。まずは経済連携だろう。

二〇一六年に民主進歩党の蔡英文氏が総統に就任して以来、台湾の経済は遅滞の傾向にある。これはひとえに、中国共産党のさまざまな妨害工作や嫌がらせに原因がある。

二〇二〇年の次期総統選挙をひかえ、中国共産党肝いりの人間がどんどん出てくるだろう。日本は意識して台湾との絆の強化に努める必要がある。

退行してしまった台湾の景気をなんとか浮上させるような経済政策を、日本が率先してとる必要があるだろう。日本の民間企業にも、今以上の台湾での積極的な事業を考えてほしいところだ。現在、軍事同盟を結ぶことはできない状況にある以上、ソフトパワーでの結びつきが重要である。

人民解放軍の台湾侵攻

二〇二〇年までに中国人民解放軍が台湾に侵攻するだろうという説がある。二〇一七年の時点で、産経新聞が次のように伝えている。

《今年10月、米国で出版された一冊の書籍によって、中国の習近平指導部が準備を進めている「計画」が暴かれた。

「大規模なミサイル攻撃の後、台湾海峡が封鎖され、40万人の中国人民解放軍兵士が台湾に上陸する。台北、高雄などの都市を制圧し、台湾の政府、軍首脳を殺害。救援する米軍が駆けつける前に台湾を降伏させる…」

米シンクタンク「プロジェクト２０４９研究所」で、アジア・太平洋地域の戦略問題を専門とする研究員、イアン・イーストンが中国人民解放軍の内部教材などを基に著した『Ｔｈｅ Ｃｈｉｎｅｓｅ Ｉｎｖａｓｉｏｎ Ｔｈｒｅａｔ（中国侵略の脅威）』の中で描いた「台湾侵攻計画」の一節だ。

イーストンは「世界の火薬庫の中で最も戦争が起きる可能性が高いのが台湾だ」と強調した。その上で「中国が２０２０年までに台湾侵攻の準備を終える」と指摘し、早ければ、３年後に中台戦争が勃発する可能性があると示唆した。

衝撃的な内容は台湾で大きな波紋を広げた。中国国内でも話題となった。

「具体的な時間は分からないが、台湾当局が独立傾向を強めるなら、統一の日は早く来るだろう」

国務院台湾弁公室副主任などを歴任し、長年、中国の対台湾政策制定の中心となってきた台湾研究会副会長、王在希は中国メディアに対し、イーストンの本の内容を半ば肯

（『産経新聞』二〇一七年十一月十八日）

台湾は今、非常に危ない状況だ。数百発の中距離ミサイルDF15が台湾の対岸にずらりと並んでいるというのは、人民解放軍のプロパガンダを含めてよく言われていることだが、まだ人民解放軍が実際に台湾に軍隊を差し向けてはいないものの、すでに、危険な工作は行われている。

二〇一八年、台風二十一号で大阪がたいへんな被害を受けた。その際、台風被害に関係して台湾の駐大阪の総領事に相当する蘇啓誠処長が自殺している。

これについては、NHKが二〇一九年、フェイクニュースという切り口で『クローズアップ現代』で特集した。NHKはこの番組を「日本との親善に尽くした台湾の外交官が、去年9月、自ら命を断った。発端は、関西地方を襲った台風21号。空港で孤立した旅行者への対応を巡って、ある〝情報〟がネットに書き込まれ、SNSを通じて拡散。それを基に台湾の市民やメディア、政治家による厳しい批判にさらされたのだ。ところが、亡くなった翌日、拡散した情報は〝フェイクニュース〟であったことが公になった。

外交官の死が、私たちに訴えかけるものを徹底取材した」と紹介している。

台湾のSNS上で拡散したのは、次のような〝情報〟である。「関西空港で閉じ込められた中国人の観光客については、大阪の中国領事館が率先して救出にあたり、何人も助け出した。それにひきかえ、台湾はまったくそういうことができておらず、多くの観光客が関西空港に取り残され、たいへん危険な目にあっている」。

これはニセ情報だった。ニセ情報は当時、日本のSNSにもあふれていた。その結果、台湾の駐大阪公使がすさまじい批判にさらされ、自殺してしまったのである。SNSで拡散されたフェイクニュースの正体はいったい何だったのか。どう考えても、中国共産党、あるいは中国共産党の息のかかった台湾の国民党の工作が背景にあると考えるのが常識というものである。

私は、フェイスブックで、工作について指摘した投稿を行った。NHKの『クローズアップ現代』はその視点が抜けていた、という趣旨も含めた。ツイッターでも投稿している。

興味深いことが起きた。フェイスブックが私のアカウントによる書き込みを三十日間停止したのである。先の投稿はヘイトスピーチに該当し、コミュニティ規則に違反するということだった。中国共産党はネットを使った言論弾圧を国内だけではなく、現在、世界中で展開している。私のフェイスブックの一件はそのひとつの表れだろう。

韓国は、二十年以上前からすでにインターネットを使って情報操作を盛んに行う国としてよく知られている。北朝鮮は韓国以上に、それに長けている。実際、韓国のネット掲示板における書き込みは、かなりの数、北朝鮮の工作員あるいは韓国内にいる北朝鮮シンパの手によるものだ。シンパとはつまり工作員のことである。彼らはきわめて粘着質であり、ネットのスキルが非常に高く、高度に組織化されているようだ。少しでもひっかかる情報を目にした時、それが半島および大陸発信の情報であるかどうかまず確認することはイロハ中のイロハであると言うことができるだろう。

台湾のソフトパワーとの連携

日本をテーマとした三本の台湾映画

韓国を客観的に冷静に眺め、手を貸さない、関わらないことを前提に、背中を向けずに一歩一歩あとずさりしながら離れていくことが今、最も求められることだろう。背中を向ければ何か投げつけられるだろうし、弾丸が飛んでくる可能性だってある。避けられるように、後ずさりだ。

そうして韓国とはどんどん距離をとりつつ、台湾にはどんどん近づいていく。今の段階で台湾に近づいていくということはどういうことか。ソフトパワーでのつながりをもっともっと強く持つということになろう。日本が台湾と連携できるソフトパワーの代表的なものが「映画」だ。最近十年ほどの間で、日本をテーマにした映画が台湾で少なくとも三作品製作された。いずれも台湾で大ヒットしている。

まず、『海角七号 君想う、国境の南』（ウェイ・ダーション監督、二〇〇八年）を紹介しておこう。映画情報のネットメディア「allcinema」に、あらすじが次のようにまとめられている。

《本国台湾で空前の大ヒットを記録した郷愁あふれる感動ドラマ。届くことのなかった日本統治時代の古いラブレターが、現代の台湾人男性と日本人女性に芽生えた恋を静かに後押しするさまを詩情豊かに綴る。（中略）

台北でミュージシャンとして成功するはずが、夢破れて故郷・恒春の実家に舞い戻ってきた青年、阿嘉（アガ）。郵便配達のバイトを始めることになった彼は、届け先不明の郵便物の中に日本統治時代の住所〝海角七号〟宛ての小包を見つける。中には、60年前、敗戦によって台湾から引き揚げざるを得なかった日本人教師が、恋人の台湾人女性に宛ててしたためた7通のラブレターが入っていた》

（『allcinama』）

そして、『セデック・バレ』（ウェイ・ダーション監督、二〇一一年）である。同じ監督の作品だ。こちらは、『海角七号 君想う、国境の南』とは趣を変え、日本統治時代に起きた悲しい出来事を扱っている。

《「海角七号　君想う、国境の南」のウェイ・ダーション監督が、日本統治下の台湾で勃発した、原住民族〝セデック族〟による大規模な抗日暴動〝霧社事件〟を、壮絶なバイオレンス・アクションで完全映画化した歴史超大作。（中略）台湾中部の山岳地帯に住む誇り高き原住民族、セデック族。狩猟で生計を立てる彼らは自然との調和を大切にする一方、部族間の争いでは、戦った相手の首を狩るという勇猛な伝統を受け継いでいた。そんな中、1895年に台湾が日本の統治下に入ったことで、セデック族の暮らす山奥にも日本軍が押し寄せ、集落が次々と支配下に収められていった。そして日本軍は、セデック独自の伝統や文化は野蛮なものとして強制的に禁じ、彼らにも日本の教育や文化を押しつけていく》

（『allcinama』）

『セデック・バレ』は明らかに、日本統治に対しての批判色の濃い作品である。しかしこれは、反日感情というものに訴えようとした映画ではない。だいたい「日本が好きだ」という人々が半数を超える国で、反日感情をマーケットにした商業映画など成立するはずがない。

日本統治に対する郷愁を描いた『海角七号　君想う、国境の南』をつくった監督が『セデック・バレ』もまた撮っているということが重要だ。ウェイ・ダーション監督は、日本統治に対してふたつの異なる視点をもって、台湾とはいったい何者なのかというアイデンティティを探している。

そして、『KANO 1931海の向こうの甲子園』（マー・ジーシアン監督、二〇一四年）がある。メガホンこそとっていないが、前出の二作品を監督したウェイ・ダーションがプロデュースにあたっていた。

《「海角七号　君想う、国境の南」「セデック・バレ」のウェイ・ダーション監督が製作・脚本を手がけ、日本統治下の台湾で甲子園への出場を果たし、決勝まで勝ち進んだ実在の野球チーム〝嘉義農林学校野球部〟、通称〝KANO〟の奇跡の実話を映画化し、本国台湾で大ヒットした感動ドラマ。主演の永瀬正敏はじめ、坂井真紀、大沢たかおら日本人俳優も多数出演。

1931年、日本統治時代の台湾。それまで1勝もしたことのなかった弱小チーム嘉義農林学校野球部に、かつて名門校の監督をしていた近藤兵太郎が指導者として迎えられる。近藤の猛特訓と選手それぞれの個性を活かした指導が実を結び、ついには台湾代表として甲子園の切符を手にする。そして大方の予想を覆し、甲子園でも快進撃を続ける嘉義農林だったが……》

（『allcinama』）

これは実話に基づいている。近藤兵太郎は実在の、台湾野球史にもその名を残す日本の野球人だ。

松山商業で野球部監督を務めていた近藤兵太郎が嘉義農林学校に赴任し、野球部の監督に就任する。ものすごいスパルタ教育で嘉義農林学校野球部はめきめき強くなり、ついに台湾で優勝して甲子園出場を決め、決勝まで進出するという、まさにスポーツ根性マンガの世界である。一九三一年は昭和六年、満洲事変のあった年である。発端となった柳条湖事件は九月に起こっているから、そのわずか一カ月ほど前の実話であることも興味深い。

嘉義農林学校は今は嘉義農林大学という大学になっている。当時の野球部は、日本の台湾総督府の認識によれば、三つの民族の混合で構成されていた。日本人と、当時は蛮人と呼ばれていた先住民。そして当時は漢人と呼ばれていた漢民族である。漢人とは、大陸から来た人間が先住民に同化した台湾人のことである。厳密には漢民族とは言えない。したがって、漢人という言い方も決して正しくない。台湾人の大陸系の人々は、昔で言えば南宋、福建省あたりに出自をもつ人が多い。

『KANO　1931海の向こうの甲子園』の舞台となった一九三一年の甲子園決勝戦では、史実として、4対0で嘉義農林学校は中京商業に負けた。スタンドはKANO（カノウ）の大合唱だったという。当時のベストセラー作家・菊池寛は新聞に観戦記を寄せ、「僕は初戦から嘉義農林びいきになった。内地人、本島人、高砂族という違った人種が同じ目的のため共同し努力しておるということが、何となく涙ぐましい感じを起こさせる」と述べている。『KANO　1931海の向こうの甲子園』の登場人物はみんな日本語を話す。あたりまえのことだが、日本統治時代、ほとんどの台湾人は日本語で会話することができた。

『KANO　1931海の向こうの甲子園』は世代を超えて大ヒットした。このすごさを私たちはもっと強く感じるべきだ。なぜなら、中国共産党にとって、この映画自体、さらにはヒットしてしまうことはなおのこと、許せないことだからである。

日本はもっと台湾をバックアップしなければいけない。ソフトパワーの絆を強めるとはそういうことだ。具体的に言えば、こうした台湾映画がもっともっと日本国内でヒットするようなメンタリティを私たちはもつべきだということである。

当時、朝鮮も当然、甲子園に出ていた。『KANO　1931海の向こうの甲子園』では、開会式のシーンに登場する。プラカードには、京城商業と書いてあった。

一九六五年の日韓国交正常化から、いまや半世紀以上が経過する。この間、韓国でつくられた映画で、日本統治時代を描いた作品はほとんどない。あったとしても、そのほとんどは、慰安婦や徴用工を題材にした捏造の反日プロパガンダ映画でしかない。韓国映画のクォリティは世界的にも評価は高い。素晴らしい監督もおり、ソフトパワーのある国にもかかわらず、たとえば、京城商業が甲子園でどういう戦いをしたかといった映画はできない。もはや韓国は、台湾のように日本を客観化・相対化できないのである。通じる言語がないと言っても過言ではない。

そういう人たちが隣人であるときに、どうしたらいいかということを私たちは真剣に考えるべきだ。韓国の異質性、異常性というものをよく理解させてくれるのがまさに台湾という存在である。

エミリー・チェン氏の論文

『ナショナル・インタレスト』という一九八五年に創刊された米国の外交軍事専門誌がある。ナショナル・インタレストとは「国益」という意味だ。私が唯一愛読している米国メディアでもある。

この『ナショナル・インタレスト』に、二〇一六年、エミリー・チェンという若い女性研究者の論文が掲載された。タイトルは「Japan: The Next Major Player in the Taiwan Strait?」。「台湾海峡の次の主役は日本か?」という意味である。

私はこの論文について、『夕刊フジ』で解説したことがある。論文の内容も解るものとなっているので、全文を引用掲載しておく。

《「【アジアを先導する日本】台湾海峡を中国から守る〝主役〟は日本　日台、中国共産党の野望を打ち砕くソフトパワーに」

米フーバー研究所フェロー、エミリー・チェン氏（在米台湾人）が２０１６年2月、米外交専門誌『ナショナル・インタレスト』で発表した論文「台湾海峡の次の主役は日本か？」は、タイトルから十分刺激的だった。

台湾海峡は、台湾と中国・福建省を隔てる海峡で、１９５０年代から90年代まで、何度も台湾海峡危機と呼ばれる軍事的緊張が高まった。96年の台湾総統選挙では、台湾独立志向が強い李登輝氏が「民主」というスローガンを掲げて出馬したことに、中国共産党は強く反発した。

中国人民解放軍は軍事演習として、ミサイルを台湾海峡に立て続けに撃ち込み、台湾を恫喝した。これに対し、当時のビル・クリントン米大統領は空母2隻を中心とする艦隊を台湾海峡に派遣し、中国共産党に圧力をかけ、事態の沈静化を図った。中国による軍事的威嚇は台湾人をかえって団結させ、総統選挙では李氏が圧勝した。

そんな、朝鮮半島の38度線と並ぶ「アジアの火薬庫」といえる台湾海峡の命運は日本が握っていると、チェン氏は論文に記した。

彼女は、日本の軍事力で中国の台湾侵攻を阻止できると単純に考えたのではない。論文では軍事には触れず、この10年の日台間の民間交流の爆発的拡大と、濃密な親密度、相互理解について、日本文化の台湾への侵透から解き明かしている。そんな日台関係が、中国共産党の野望を打ち砕くソフトパワーになると、さまざまなデータを用いて論じているのだ。

チェン氏がそんな構想を描けた背景に、安倍晋三首相が第二次政権発足直後の2012年暮れに発表した「アジアの民主的安全保障ダイヤモンド（セキュリティーダイヤモンド）構想」があったのである。

現実的な問題として、現在、日台間の軍事交流を進められる環境はない。だが、台湾は確実に、中国共産党の独裁政権を嫌う、成熟した海洋民主国家として、新しい一歩を踏み出している。この論文は、民進党の蔡英文総統が16年1月の台湾総統選挙で、国民党候補を打ち破るという予兆の中で書かれたものだった。

昨年（2018年・筆者注）7月、中国の空母「遼寧」が台湾海峡を通過し、戦闘機や爆撃機も不穏な動きを見せた。中国共産党にしてみれば、クリントン米政権に空母を派遣された恨みを20年後に晴らすとともに、独立志向の蔡政権への脅しと嫌がらせの一環である。

そんななか、海上自衛隊のヘリ搭載型護衛艦「いずも」は昨年6月、ASEAN（東南アジア諸国連合）諸国11人の士官を乗せて、南シナ海で不審船対処や救難訓練など国際法に準拠した研修を実施した。それは、中国が国際法を無視して、南シナ海の岩礁を埋め立て要塞化している海域の近くだった》

（『zakzak by 夕刊フジ』二〇一八年一月七日）

チェン氏の論文の要旨は次のようなものだ。「台湾海峡という緊迫したエリアがある。人民解放軍の戦闘機、爆撃機がいつも飛来し、人民解放軍海軍の空母も通る。それを牽制するアメリカの駆逐艦フリゲート艦も通る。台湾海峡は、大陸と台湾との間にある、そういう緊迫した海である。そういった台湾海峡の行く末を握る主役は日本である」。

台湾は、現状で可能である経済的、ソフトパワー的な交流を高めて日本との絆を強めたいと願っている、ということが論文には書かれてある。そして、チェン氏は書いていないが、その次にくるべきものが、日台の軍事的な連携であることは間違いない。

日本と台湾との公式な軍事的連携が新しいアジアの基軸になっていくだろう、ということを、まさに若い世代が訴えたということだ。チェン氏の論文は、まるで天から啓示をうけたかのような、予言のような論文である。だからこそ、『ナショナル・インタレスト』という米国で影響力のある外交軍事専門誌に掲載されたのだ。

『ナショナル・インタレスト』は一九八九年にフランシス・フクヤマの論文「歴史の終わり」（The End of History and the Last Man）を掲載してたいへん話題を呼んだ雑誌である。

「歴史の終わり」を要約すると、次のようになる。「1989年12月、地中海のマルタ島でソ連のゴルバチョフと米国のジョージ・H・W・ブッシュが会談し、冷戦の終結を宣言した。冷戦は終わった、アメリカは勝った、ということになった。イデオロギー論争は終わった。唯物史観も終わりである。共産主義というものは完全に敗北した」。

米国の資本主義と自由民主主義体制の高らかな勝利宣言である。フランシス・フクヤマは冷戦終結の歴史的意義を高らかにうたいあげた。「歴史の終わり」は確かに画期的な論文であり、当時、世界的に注目された。しかし今や、その内容は間違いだったということがわかっている。

「東西」冷戦は確かに終わった。しかし、実際にはまったく終わっていない。

共産主義的な歴史主義、別の言葉で言えば唯物史観は、すがたかたちを変えた。それが「グローバリズム」（世界主義）であり、「ポリティカル・コレクトネス」（政治的正当性）の追求である。

グローバリズムは、国境を超える世界資本主義を目指している。すでに現在、多国籍企業がもつ専制的な資本主義の力が国家から離れて動きだしている。

グローバリズムを、死んだはずの共産主義が思想的に支えている。ポリティカル・コレクトネスによる、時々で都合よく書き換えられる多文化共生主義が世界中に広まり、世界中でトラブルと危機の元になっている。これについては別書に譲るが、今のメディア論はこういった観点から書かれなければならないことは確かである。

日台連携の必然性

エミリー・チェン氏が書いた論文「台湾海峡の次の主役は日本か？」には必然性がある。つまり、台湾と日本の連携は必然である。

そして、注意しておかなければいけないことがある。アメリカにいるチェン氏がこの論文を書くことができた背景には、中国共産党に対するアメリカ人の姿勢がここ数年でまったく変わったという事実がある、ということだ。この論文は、親中のオバマ政権の時代であれば成立していない。「アメリカ・ファースト」をスローガンとし、国益を優先して中国と強い対立姿勢をとるトランプ大統領の就任には、やはり歴史的必然がある。

二〇一八年、米国において超党派で「台湾旅行法」という法律が制定された。「閣僚級の安全保障関連の高官や将官、行政機関職員など全ての地位の米政府当局者が台湾に渡航し、台湾側の同等の役職の者と会談することや、台湾高官が米国に入国し、国防総省や国務省を含む当局者と会談することを認める」と定めた法律である。同時に、台湾のアメリカ事務所、いわば大使館に相当する建物が大きくリニューアルされた。私が取材した限りでは敷地が二千坪もある。

とはいえ、公式に発表はされていなかったが、二十一世紀に入ってから、すでにアメリカの台湾事務所は海兵隊によって警備されていたという。これは何を意味するか。あたりまえの話だが、世界中のアメリカ大使館は海兵隊が警備している。そして、台湾にあるアメリカの事務所も海兵隊が警備している。これはつまり、米国は台湾の事務所を大使館であるとみなしている、ということだ。

米国は一九七九年の米中国交正常化によって台湾を切り捨てた。しかし、米国は台湾を準国家として扱い、西側諸国の一拠点として台湾には支援をし続けていた。米国が中国との国交を正常化したのはもちろん、ソ連対策である。北京を相手に国交を正常化したのは、中国共産党を、お互いに利益を共有しあえる戦略的パートナーとみなしたからだ。

米国は中国共産党と組むことでソ連共産党に対峙してきた。ソ連が崩壊した後には、その残滓が経済連携として残り、特にビル・クリントン政権で米中関係はいびつに深化した。

大きなスキャンダルに見舞われようとしているヒラリー・クリントンの金脈問題はそ

れが背景にあるわけだが、現在、トランプの時代になって完全に地軸が変わった。

一九七九年の米中国交正常化は冷戦崩壊に匹敵するほどの変化だった。米中国交正常化もまた冷戦を終わらせるひとつの理由になった。

しかし、よくよく見直してみれば、米国はソ連を封じ込めるのに、米中国交正常化から十七年もかかっている。そして二〇一九年現在、冷戦終結から三十年も経つのにアメリカは何も成功していない。米中国交正常化から考えれば半世紀ほどのこの期間は、覇権国家たる米国からすれば巨大なロスタイムだ。

そして、米国はこのロスタイムを大いに反省し、トランプの登場によって大きく変化しようとしている。米国が変化するということは、第二次世界大戦後の世界秩序が大きく変化するということだ。現在は、その過渡期である。そこに、キーアクターとして浮上してくるものこそは東アジアだ。

東アジアはいまだに冷戦の真っ最中である。ゴルバチョフ－ブッシュから三十年が経っても冷戦は溶けていない。現実をしっかりと見る必要がある。東アジアには中国共産党があり、北朝鮮労働党がある。ヨーロッパに共産党はない。

東アジアにはまた、ベトナム共産党もある。ベトナムは現在、完全な親日国家になってはいて日本に敵対はしていないが、共産主義国家であることは間違いない。カリブ海のキューバを除き、共産主義的な全体主義国家というものは東アジアにしか残っていない。そしてその真っ只中に置かれている国こそ、私たちの日本である。東アジアの冷戦の最前線に日本は置かれている。東アジアの冷戦の最前線は本来、南北朝鮮の三十八度線であるはずだった。

しかし、すでにくり返し述べてきたように、韓国はすでに完全に北朝鮮側と考えるべき国だ。まさに取り返しのつかない状況が現実として、すぐそこにある。

韓国国内には文在寅政権に批判的な人が多いこともわかっている。しかし、北朝鮮に飲み込まれる方向に韓国は動いている。百数十年前の日清戦争、それ以前の李氏朝鮮がとっていた態度とまったく同じ態度を今の韓国はとっている。韓国は躊躇なく、右を向いていたと思うとすぐに左を向く。上も下もなく、そのときそのときの都合でふらふらとし、一貫したポリシーなどというものは持っていない。有史以来、まったく同じことを繰り返している。

日本はかつて、やむなく日韓併合に向かった。当時の日本人は韓国を「植民地」と呼んだだが、そもそも本国が赤字を出す植民地などあるわけがない。スペイン出身の米国哲学者ジョージ・サンタヤーナ（一八六三年〜一九五二年）が言った「歴史に学ばない者は、過ちを繰り返す」という言葉は真理だろう。日本は絶対に、朝鮮半島併合を繰り返してはならない。

一九一〇年の日韓併合は近代日本の過ちだった。二十一世紀の現時点で振り返ってみたとき、何ひとつ得るものがなかったというのは、過ち以外の何ものでもないということだ。マイナスでしかなかったことは、歴然たる事実である。

第五章　アジアと世界に貢献する日本の役割

日韓関係の変化とアジアの未来

平成三十年（二〇一九）三月二十一日、スリランカ（旧英領セイロン）の首都、コロンボの教会などで大規模な爆弾テロがあり、少なくとも三百二十一名以上が死亡した。犯行声明を出したのはイスラム原理主義の過激派組織ＩＳで、ニュージーランドで起きたイスラム寺院へのテロの報復だという。

もちろん、起きてはいけないテロである。一神教のキリスト教とイスラム教の血生臭い争いは歴史的に千年近いものになる。二十世末の東西冷戦構造が終結した後に、米国のサミュエル・ハンチントンが『文明の衝突』を書き、今後は文明圏の衝突、戦争に人類が直面すると書いていた。そして実際に二十一世紀最初の年の二〇〇一年九月十一日に、イスラム過激派によるニューヨーク同時多発テロが起き、多くの人命が失われ、今日までその流れが続いている。

スリランカはそんな絶望的状況に巻き込まれたのだが、一方で私は知人のスリランカ人弁護士のメッセージを思い出した。それは大東亜戦争の対米戦争で、日本が真珠湾攻撃を行なったことへの感謝のメッセージだ。スリランカの六十九回目の独立記念日になった二〇一七年二月四日、セナカ・ウイーララトゥナ氏は、日本の大東亜戦争参戦によりヨーロッパ植民地主義体制が崩壊し、スリランカはその恩恵を受け、独立を達成したという主旨の論文を地元紙に寄稿した。長くなるが本書の内容にも関わる重要なものなので引用をご容赦願いたい。

《アジアの他の数か国と同様に、スリランカも、日本が第二次世界大戦に参戦したおかげで、自由を獲得するきっかけを掴んだ。日本の参戦の結果、ヨーロッパの植民地主義がアジアから駆逐されるスパイラルが始まったのだった。

インドのジャワハルラール・ネルー首相は、一九三〇年代に、インドが英国から独立できるのはいつになるだろう、と訊かれたときに、「遥か先のことだ。おそらく一九七〇年代になるだろう」と答えた。

ネルーが想像もできなかったほどの、一九四七年という早期にインドは自由を獲得することができた。インドに引き続いて、一九四八年には、ビルマとセイロンが独立した。

外的要素と内的要素が複雑に絡み合って起こった現象だった。

今日、第二次世界大戦に於ける日本の役割について、歴史学界では大きな転換がおきている。日本はもはや戦時中の行為により、爪弾きにされたり孤立に甘んじたりすることはない。事実、極東に位置する二、三の国を別とすれば、アジア諸国はますます日本を受け入れるようになり、アジアの独立運動がなかなか覚醒することができなかったのに、日本が触媒となって火をつけたという認識が広まって来たのである。

ネルー自身は、一九五一年のサンフランシスコ講和条約にいくつかの理由で参加することを拒絶した。ネルーは、「日本は、インドが謝罪と賠償を要求しなければならないほどの悪事を行ったことはない」と宣言した。

スバス・チャンドラ・ボースに始まり、ラダ・ビノード・パール判事（東京裁判で只一人日本の戦犯を有罪とするはことに反対意見を述べた）など、インドが日本に好意的だったことはよく知られているが、その後もインドは日本への同情を失ってはいない。セイロンのジュニウス・リチャード・ジャヤワルダナ（J.R. Jayewardene）は明確に日本を弁護した。釈迦（仏陀）の「憎しみは憎しみによっては止められない。憎しみを止められるのは愛だけだ。これは永遠の法則である」という言葉を引用して確固として日本を弁護した。

アジアの指導者や歴史家たちは、今では、日本の真珠湾攻撃は、西欧がアジアに植民地基地を保有していたことと直接の確実な関係を持っていたと考えている。さらに、その後、独立運動が成功したのは、日本が西欧に挑戦し、アジアの植民地を解放しようという勇気を示したことに触発されたのである。ヨーロッパ人の植民地主義を東洋から駆逐した功績にかけては、日本は他のアジア諸国の追随を許すものではない。

一九四七年のインドの独立は誰のおかげで達成されたのかという問題についての、歴史学、歴史記述も、現在急速に変わりつつある》

《日本は一九四五年に敗北を喫したが、スバス・チャンドラ・ボースの伝説は滅びず、インドの大衆とイギリス・インド陸海軍の兵士を鼓舞し、レッドフォートのＩＮＡ(インド国民軍)の将校たちの裁判に続いて反乱が起きた。英国がインドを放棄する時期が来た（そして、数か月以内にビルマもセイロンも）と判断したのは、一八五七年の暴動

（セポイの乱）よりも大規模な反乱が起きるのではないかという恐怖に駆られたからだった。

植民帝国が自発的に植民地から撤退するということは、時の流れに抗しがたい場合か、もしくは状況に迫られた場合にしか考えられない。この仮説を支持する決定的な証拠は、第二次世界大戦の後に、オランダとフランスが、アジアの植民地に再び進出しようとして敗れ、屈辱的な撤退を余儀なくされたことである。第二次世界大戦の間に、日本はオランダの支配を打倒した。そして、それまで抑圧されていたインドネシアの独立運動を鼓舞したのだった》

《セイロンは外国支配に対する本格的な意味の行為を行わなかったにもかかわらず、一九四八年には幸いにも独立を達成した。第二次大戦でアジアの西欧支配と闘い血を流したのは基本的に日本の兵士であった。我々はこれらの犠牲と闘いの受益者であった。我々はアジア同胞の支援をいつかはしっかりと認識しなければならない》

ウイーラトゥナ氏がこの論文を執筆した背景には、一九五一年、敗戦日本の独立を認めるサンフランシスコ講和会議でスリランカ代表のJ・R・ジャヤワルダナが重要な演説を行ったことがある。ソ連は講和会議に反対し、この時点で日本の独立を認めず、他のソ連傘下の社会主義・共産主義の東側諸国もそれに従っていた。ジャヤワルダナ氏はこう語った。

「アジアの諸国、セイロン、インド及びパキスタンの日本に対する態度を活気づけた主要な理念は日本は自由であるべきであるということであります。

アジアの諸国民が日本は自由でなければならないということに関心をもっているのはなぜでありましょうか。それは日本とわれわれの長年の関係のためであり、そしてまた、アジアの諸国民の中で日本だけが強力で自由であり日本を保護者にして盟友として見上げていた時に、アジア隷従人民が日本に対して抱いていた高い尊敬のためであります。

私は、アジアに対する共栄のスローガンが隷従人民に魅力のあったこと、そしてビルマ、インド及びインドネシアの指導者のあるものが、かくすることにより彼等の愛する国々が解放されるかも知れないという希望によって日本人と同調したという前大戦中に起こった出来事を思い出すことができるのであります」

そして、ジャヤワルダナ氏は日本に対する賠償請求権を放棄すると訴えた。

スリランカの痛ましいテロ事件に触発され、長々と時代を超えた二人のスリランカ人のメッセージを紹介したのは、ウィーララトゥナ氏の論文にも《極東に位置する二、三の国を別とすれば》と書かれているからだ。二、三の国とは南北朝鮮とシナに他ならない。しかも、中国共産党がそうならまだ解るのだが、韓国、北朝鮮の朝鮮半島の二カ国と日本は戦火を交えていないどころか、日本と一緒になって戦争を戦ったのである。日本が統治していた台湾と全く同じで、台湾よりむしろ朝鮮の方が厚遇されていた。これが韓国の決定的な〈おかしさ〉なのである。

異常過ぎる、危険な韓国メディア

かつての帝国海軍の軍艦旗で現在は自衛艦旗として使用されている旭日旗への異常な〈関心〉も、その〈おかしさ〉の一つである。

今年、平成三十一年四月二十二日からシナの青島で行われた人民解放軍海軍創設70周年記念国際観艦式に、我が国は海上自衛隊護衛艦（ミサイル駆逐艦）「すずつき」を送った。海上自衛隊艦艇のシナ訪問は二〇一一年以来八年ぶりだった。日本は平成三十年十月の日中首脳会談で艦艇の相互訪問を推進することで合意していた。平成三十年十月の韓国海軍国際観艦式に日本が参加を見送ったのは、この七、八年、韓国で急に旭日旗に関してのハラスメントが日本へイトの新たな材料として使われるようになったからだ。韓国海軍が大統領府や反日メディアの圧力によって旭日旗の掲揚を認めることができなくなったのが真相だ。

慰安婦問題と同じように、過去には何の問題もなく自衛艦は旭日旗を艦尾に掲揚して韓国の港にも寄港していたにもかかわらず、あるきっかけで政治的な争点、対日外交上の武器として使用され始める。

旭日旗を見ると、韓国人がパブロフの犬のように異常な反応をするようになったのは、二〇一一年のサッカー・アジアカップ以来である。日本対韓国戦で韓国代表のキ・ソンヨンがゴール後に日本人を差別、蔑視する猿真似の顔をしたところ、審判団は気づかず日本側は例によって何の抗議もしなかったのだが、韓国人サポーターからキ・ソンヨンの行為をたしなめる発言がネットに炎上し、謝罪まで追い込まれたことがあった。その際、キ・ソンヨンが観客席に旭日旗があったのであんな反応をしてしまったと嘘をついたのである。それから韓国メディアが韓国人に反日感情を異常に煽る〈反旭日旗キャンペーン〉を始めたことが契機となったのである。

さらに、慰安婦問題でニューヨークのタイムズスクエアに日本非難の看板広告を出した徐敬徳（ソ・ギョンドク）誠信女子大教授が、そのキャンペーンの中心となって、世界中のありとあらゆる旭日旗模様を糾弾するキャンペーンを開始した。その結果、米国の壁画や英国の小さな弁当屋のパッケージなどにも抗議メールが殺到するようになった。旭日旗に対する、根拠のない差別的なヘイトスピーチを繰り返す行為がこの人物を中心に広がり、さらに韓国紙中央日報がこの問題人物を積極的に応援して記事にしていた。中央日報によれば《独島や東海の広報を率先して行っている韓国広報専門家》が《慰安婦問題に続いて歴史訂正の新たな座標を定めた》と持ち上げているが、メディアが理性を失ったと言っていいだろう。靖国神社へもこれまで何度か韓国人によるテロが行なわれている。それも旭日旗同様の無理解が理由だ。何しろ、昭和天皇へのテロ実行犯が英雄視される国である。悠仁親王殿下への謎のテロが、令和への御代替わり直前に起きているので、日本人は警戒を怠ってはならない。

二〇一七年七月二十一日にはこんな記事が掲載された。

《英国の自動車専門誌「トップギア（Top　Gear）」の最新号が批判を浴びている。最新号の表紙が日本の軍国主義を象徴する旭日旗に覆われているということだ。

トップギアUKは最新号で最近発売されたホンダのシビックタイプRに関する分析試乗記を前面に出した。高性能を前面に出した車であり、韓国を含む、全世界多くのマニア層を確保している車であるだけに、シビックタイプRとフォルクスワーゲンのゴルフR、フォードのフォーカスRSなど競争車間の比較レビューを進めた。

レビューの内容や裏表紙に旭日旗や日本の軍国主義に対する言及はなかった。だが、表紙の前面に出して旭日旗をベースに活用しながら、旭日旗に対する基本的な概念を把握できていないのではないかとの指摘が出ている。（中略）

旭日旗は1870年、日本帝国の陸軍の旗として初めて登場した。1889年、形が少し変わって日本帝国の海軍軍艦旗として使われ、現在の形になった。だが、第2次世界大戦終戦後、軍国主義の象徴である旭日旗は国際社会で批判の対象になった。ナチのハーケンクロイツと共に戦争と紛争の象徴になったわけだ。

ところで、世界大戦でドイツと日本に立ち向かって戦った国際連合国の主要な一員だった英国がこのような旭日旗を表紙の前面に出したことで批判は一層大きくなっている。日本版トップギアでない英国本土のトップ・ギア雑誌の表紙で、これは全世界にそのまま輸出されるためだ。韓国でも本屋で英国バージョンのトップギアが簡単に目に入る。

7月号の公開以降、旭日旗に対する指摘が相次いでいるが、トップギア側は依然として該当表紙をホームページの前面に出している。相次いだ問題提起にもトップギアＵＫはいかなる対応もせず、批判の声は一層高まっている》（傍点西村）

全てが事実誤認のフェイクニュースで、客観性ゼロの記述もある。しかし、このレベルが韓国メディアの標準なのである。旭日旗は軍旗であり、ドイツで言えば鉄十字章に相当し、ビスマルクの時代からドイツ軍のシンボルとして現在も使われている。もちろん、ナチス時代の戦闘機メッサーシュミットやタイガー戦車にも描かれていて、ナチスの党旗である鍵十字とは全く関係のない旗なのである。こんな基本的な事実も無視して、一方的な思い付きだけで日本を攻撃するのが韓国の常なのである。

戦前から韓国に尽くした日本人たち

韓国人の評論家、金完燮氏と初めて会ったのは二〇〇二年ワールドカップの直後だった。彼が書いた『親日派のための弁明』が日本でベストセラーになって話題になっていた頃だった。ところが韓国では、同書は有害図書に指定され一般的な書店で入手不可能な、事実上の発禁処分となっていた。『親日派のための弁明』を出版した草思社の編集者、増田敦子さんの尽力で、当時私は来日した金完燮氏にインタビューを行った。十七年前のインタビューで、以前ＷＥＢで公開したことがあったが、全文を紙媒体で紹介したことがなく、いい機会なのでここで公表する。

『親日派のための弁明』の著者、金完燮氏インタビュー
二〇〇二年ワールドカップから、日韓関係を透視せよ！

『親日派のための弁明』（草思社）という本が、がベストセラーになっている。七月上旬の発売以来版を重ね、なんと歴史書としては異例の三十五万部という驚異的な売れ行きを十月までに達成した。この手の堅い本は数万部売れても大ベストセラーだが、『親日派のための弁明』は日本の出版界の常識を破った記録を打ち立てた。内容も売れ行き同様、衝撃的で常識破りだ。戦後世代の気鋭の韓国人作家が日本の韓国統治時代を積極的に評価し、現在の韓国の反日的な状況を強烈に批判している。戦前の日本を全て悪と決め付けることで出発した戦後の日本が、あらゆる意味で再検討を迫られている今、本書の今日的な意味を日韓共催ワールドカップを通して考えてみたい。

私は来日した金完燮氏を直撃した。それは、ワールドカップ取材を通してマグマのように噴出してきた日韓の深い断絶と日本の偽物メディアの悪行を、優秀な韓国人と再度検証したかったからだ。日本のメディア状況に深い疑念を抱き、ワールドカップも新た

な視点から書かなければならないと私が痛感しているのは、ただ単にスポーツの領域内ではとても扱えない分野まで視野に入れなければならないからだ。

都内のホテルに金氏を訪ねると、革命的な書籍を書き上げた闘士とはとても思えない静かな面持ちで私を迎えてくれた。物静かな風貌は金氏がかつて志した宇宙物理学者のようだったが、静かな語り口の一つひとつの言葉は激しい情熱と強い自信に裏打ちされていた。金氏との対話を通じてワールドカップ中、そして大会後の日本メディアの空疎な報道や捏造された世論調査に対する怒りが沸々とまた煮えたぎってきた。このままでは日韓両国にとって不幸な未来しかないだろう。絶対にあのワールドカップを無駄にしてはならない、と金氏に力付けられたような気がする。

氏との対話の後、小泉首相が北朝鮮を訪ね、予想された事実の一端が明らかにされた。金氏は小泉訪朝後、あるシンポジウムで北朝鮮の餓死者が三百万人以上出ているのに、拉致被害者ばかり騒ぐ日本に疑問を呈したのだが、それは彼が日本メディアの極端に偏向した情報操作を知らないことによる発言だった。じつは、それだけの餓死者が出ていることすら、日本メディアは一切口をつぐんでいるのだ。これはワールドカップ報道と全く同じ状況であり、日本メディアの構造的欠陥である。

金完燮氏は8月下旬に来日した後日本に留まり、取材やシンポジウムへの出席など多忙な日々を過ごしている。そして、いま、重い口を開き、未来の日韓関係を語る。

●なぜ、日本で〈嫌韓〉が高まったのか？

西村 ワールドカップを共催してから改めて韓国と日本メディアのことを考えていたので、非常に面白い本でした。なぜ『親日派のための弁明』を書こうと思ったのか、その辺から聞かせて下さい。

キム 去年の夏ですが、韓国で日本の教科書問題の騒ぎがあった時、反日感情が韓国で高まりました。その時、韓国の誤った民族主義と反日主義が噴出し、それに疑問を感じて反論を提起したかったんです。それで、この本を書きました。

西村 そういった金さんの気持の根底にあるのは韓国への愛国心だと思います。より良い韓国を作りたいという気持ではないでしょうか？

キム　でも、韓国内では私の本を見て多くの人が私を「売国奴」と呼びました。ただ、韓国の読者にも愛国心を感じ取ってくれた人もいたので韓国人にも読まれて欲しいですね。

西村　日本に初めて来て、どうですか？　初めての日本は？

キム　まだ色んな場所に行っていません。東京で数カ所行っただけですが、成田から東京までの道でも国際都市だな、という印象を受けました。綺麗で美しい街ですね。来日した八月下旬、韓国は秋ですけど東京は暑かったですね。

西村　ところで、ワールドカップが終わって幾つかの日本のメディアで世論調査をしました。その結果、韓国に対してより親しみを感じるようになったという日本人がけっこう増えたというデータが出ました。しかし、僕はどうもそうではないような気がするんです。その調査に嘘があるのではないかと。もっとはっきり言えば、日本と韓国の間が、国民感情としてかつてないほど危機的な状況に来ているのではないか、と感じるんですが。いかがでしょうか？

キム　なぜ、そう思っているんですか？

西村 ワールドカップ後、日本人のサッカーファンの間で韓国に対しての感情が悪くなって、嫌韓感情が大きくなりました。ところが、一般メディアがそれを取り上げていないんですね。それには理由があって、韓国チームの試合について日本のメディアが全て右へ倣えの、同じ論調の報道になって、韓国の試合につきまとった審判の疑惑を一切無視して、韓国ガンバレという報道しかしなかったんですね。韓国チームを日本のメディアは応援していたんです。ところが、韓国では日本チームに対して必ずしも日本のようではなかったということがネットから伝わってきた。それが韓国への反感だけでなく、日本のメディアへの反感としても大きなものになったんです。

キム 友好というものは双方の友好でなければならないんですが、韓国にいる韓国人はもちろんですが日本にいる韓国人でさえも、みんな心の中では日本人を嫌がり、嫌いでいながら表面的には親しみを表し、ただ日本人を利用するだけの韓国人が多いと聞いたことがあります。実際でもそうだと私も考えています。韓国人のそういう捻曲がった感情を日本人が知れば、嫌韓感情を持つのも当然でしょうね。

西村 ワールドカップ期間中、僕はソウルにも二回取材で行きました。開会式も取材しました。それで本当に僕が不思議に思ったのは、日本人のサッカーファンは今まで韓国サッカーのファンが多かったんですが、大会が進むに連れて韓国嫌いが多くなっていきました（笑）。それは、日本のメディアが真実を伝えていない。スローガンばかり喚いていた。現実とメディアのそういうギャップ、違いが分かった日本の心あるサッカーファンが怒ったんですね。日本のそういうメディアの特徴はご存じでしたか？

キム　日本のそういうメディアの特性は初めて聞きました。恐らく韓国のメディアも同じではないですかね。ワールドカップの共催が決まってから、韓国のメディアも日本に負けて欲しいとは書けなかったし、現実とメディアの報道はそういうギャップの中で行われていたと思います。

西村　日本の緒戦は韓国と同じ日でした。僕の友人のＮＨＫの記者が釜山で韓国の緒戦を取材したとき、ちょうど韓国対ポーランド戦の前に日本対ベルギー戦があって、釜山のパブリックビューイングで韓国人が日本を応援していた、と驚いて彼に報告した韓国人のスタッフがいました（笑）。釜山は、やはり親日感情が高いんでしょうか？

キム　それは土地柄がありますね。日本に一番近い地域だし、釜山に行くと日本のテレビも普通に見られますし、フェリーで来る観光客も多いし、朝鮮時代は釜山を通して韓国と日本が繋がっていたし、言語、文化も近いものがあります。

昔、私は反日だったんですけど（笑）、当時思ったのは、釜山は慶尚道という地域ですが、慶尚道の人と会うと理由もなく親日の人が多かったですね。そういう意味で以前は慶尚道の人間が嫌いだったんですが（笑）、恐らくその地域の人は日本人と血も混ざっているし同質的な人も多いと思いますね。

●二〇〇二年ワールドカップの意味

西村　ところで、一九八〇年代のソウルオリンピックは韓国が民主国家であることを世界にプレゼンテーションする役割がありました。それでは二〇〇二年のワールドカップは、韓国にどんな意味があったんでしょうか？

キム　そうですね。八八年のソウルオリンピックは六四年の東京オリンピックと似たような意味合いがあると思います。民主国家であること、産業立国であることを世界に示すという点ですね。ただ、今回のワールドカップは共同開催だったので韓国にとってはそういう意味で特に意味はなかったと思います。

西村　韓国にとっては、ソウルオリンピックの方が大きかったという事ですか？

キム　もちろん、そう思っています。

西村　アンケートの結果だと韓国では単独開催の方が良かったという人が圧倒的だったんですが、そういう意味でしょうか？

キム　そういう気持がもちろん大きかったと思いますね。そもそも日本が単独で開催しようと努力をしていて、当時のアベランジェFIFA会長が親日的な立場を取っていたので、日本の単独開催の雰囲気になっていたところ、FIFAの副会長になったばかりの韓国の鄭夢準（チョン・モンジュン）氏のロビー活動で日本開催を妨害したんですね。それで共同開催になったという経緯があります。

実際に今回の二〇〇二年ワールドカップは主催国にとって奇形的なケースだったと思います。もともと韓国、日本両国とも願っていた形で開催したのではなかった。客観的に見ると、もともと日本の単独開催で行われるべきものを韓国が力尽くで共同開催に持ち込んだものです。両国とも単独開催をしたかったので、不満な人が多かったのではないでしょうか。もし、２００２年ワールドカップに意味づけをすると、お互いに仲が悪く嫌い合っていた二つの国家が、本当の意味で友好的な国家となった時にこのワールドカップを開催したなら意味があったでしょうが、今現在、これだけ両国がかけ離れた状態で行われたので奇妙な形になったことを再認識できたということだと思います。

西村　僕もそう思います。残念ですけど…。ただ、スポーツは政治的な課題とか、イデオロギーとか、そういうものを越えたところでメディアとして存在するというのが僕の持論なんです。そういうお花畑的な理想論を持っていたんですが、それがそういうものではなかったということを痛感した一カ月が僕のワールドカップ取材でした。

●日本は韓国に対して、反日教育を中断するように強く要求しないと両国の未来はない。

キム　要するに、ワールドカップの時の日韓関係というのは、例えば、昔のことで非常に仲が悪かった兄弟に両親が「兄弟だから仲良くしなさい！」と言って無理矢理、強制的に抱き合ったような関係ではなかったかと思います（笑）。

西村　今、話題になっている『親日派のための弁明』で、東アジアの国同士として日韓は本来なら手を携えて行かなければならないと書かれています。ところが、共同開催のワールドカップが終わったあと、日本の領土でありながら韓国が不法占拠している竹島を、韓国が国立公園に指定する予定があるとか、日本海の名称を東海に代えるように凄まじいロビー活動を行っているとか、そういう情報が流れてきます。

一般メディアが大きく扱わなくてもインターネットで大きな話題になるので、特に日本の若い世代がそういう流れに反発しています。先ほど僕が言った両国の危機的状況の背景にはそういうものがあるんです。地政学的に言っても、本来なら日韓両国は『親日派のための弁明』の中にも出てくるように、それこそ大東亜共栄圏の再構築の中核にならなければならないと思います。シナは現在、中国共産党による国家主義の全体主義体制であるし、日本と韓国は東アジアの核とならなければ行けません。ただ、そういった難しい状況の中にある両国が、どうやったらお互いの協調関係を保って行けるのか？　どんな希望を見出せるのか？　その辺はどうお考えですか？

キム　はい。難しい問題ですが、まず日本は韓国政府に対して、反日教育を中断するように強く要求しないと駄目ですね。今までの日本政府は、まるで罪を犯した人のような態度をとって、韓国の反日教育を認めているような感じです。ですから、日本政府はもっと強い姿勢を取らなければなりません。もう一つは、日本国民が、まあ、これはどれだけの人が考えているのか分かりませんが、昔、日韓は同じ国であったという認識をもっと広く強めるべきだと思います。

西村　僕の家内の母は小学校の教師だったんですが、統治時代にソウルで教壇に立っています。写真を見せてもらったことがあります。ただ、多くの日本人は何か罪悪感があって同じ国であったことを忘れようとしていますね。

キム　はい。だから三つ目の課題は、日本人は韓国を別の国と考えていてアジアから離れようとしています。しかし、一つ、二つ上の世代の日本人が朝鮮のために注いだ汗と努力、そして奉仕したこと、こういったものをもっと知るべきであると思います。

西村　韓国の反日教育もそうですが、戦後の日本がそういった情報を全てディリート、削除して、何一つ僕らの世代に伝えていないというのが一番の問題です。

キム　ま、日本は戦争に負けたので、憶えたくない記憶でもあったわけです。

西村　そういう意味では、日本と韓国の両方が情報の共有化をすることが大切です。それができれば、もっといい関係になれますが、情報の共有化を簡単に言えば、韓国の教科書も反日教育を止めて、日本の教科書も自虐教育を止めるということになる（笑）。

キム　多くの韓国の人が私くらいの気持になり、昔、日本が朝鮮に対して行ったことに感謝の気持ちを持ち、これまで反日教育をしたことを申し訳ない気持で対話を進めるならば、友好関係は上手く行くと思います。

西村　まだ、しばらく日本にはいらっしゃいますか？　もし、サッカーが好きだったら、一緒にスタジアムに行きましょう（笑）。パク・チソンは日本にいますし…

キム　京都パープルサンガ…でしょ？

正直言って、私はこの時初めて韓国人から「日本人は朝鮮に奉仕した」という言葉を聞いた。つまり、そんな事実さえ私たちの情報空間、言語空間から完全に削除されているのだ。それでは物事を客観的に捉えることができるわけがない。

現代史家の田中秀雄氏の名著、『朝鮮で聖者と呼ばれた日本人』（草思社）は日本統治時代の朝鮮の農業の発展に尽くした重松髜修（まさなお）の業績を克明に追ったノンフィクションだ。

重松髜修は、現在の北朝鮮にあった朝鮮金融組合の組合理事として、農村の振興、農民の自力更生に全身全霊をもって打ち込んだ。朝鮮人の農民に副業として養鶏を奨励し、「卵から豚へ、牛へ、土地へ」のスローガンを掲げて、勤倹と貯蓄を実践し身をもって朝鮮人農民を指導したのだ。彼の熱い指導ぶりは朝鮮人に伝わり、その結果、朝鮮の農業が飛躍的に発展したことを田中氏は『朝鮮で聖者と呼ばれた日本人』で見事に描き切った。

また経済発展においても、たとえば昭和十三年（一九三八）の朝鮮半島の営業税（営業税納付額）は、上位十％は日本人なのだが、上位二十五％までの範囲をみると、半数以上の五十二％の納税者が朝鮮人なのである。誰でも、苛酷な植民地支配という言葉が空疎に聴こえてくるだろう。韓国における韓国人の資本形成にも日本人が尽くしたのは否定できない事実である。

世界秩序の変化と日韓関係

韓国の有名なネット掲示板「ネイバー掲示板」で韓国人のある書き込みを見つけた。今年四月二十二日に書き込まれた、昨年十二月の韓国海軍による自衛隊哨戒機への攻撃レーダー照射事件の報道についてのコメントだった。題材となった報道は以下の通りだ。

《言葉を変えた国防部「哨戒機近接時は軍事的措置、日本に説明」（総合）
日本メディア「韓国艦艇、日本の軍用機の接近時には射撃レーダーで狙うガイドライン」
軍「事実無根」と反論…午後には「日本側に説明したのは事実だ」
静かだった「レーダー葛藤」再点火…真実攻防も

国防部は22日、「韓国政府が日本政府に射撃用火器管制レーダーの稼働指示を通知した」という日本メディアの報道について、「軍事的措置と基調を日本側に説明した事実はある」と明らかにした。この日の午前の定例ブリーフィングで「事実無根」と言った国防部が、たった数時間で立場を多少変えたわけだ。

国防部の関係者はこの日の午後、出入り記者団のブリーフィングで「国防部は韓日間の海上での偶発的な衝突を防止するため、韓国軍の軍事的措置と基調を日本側に説明した事実はある」と説明した。

先に日本の読売新聞はこの日、韓国政府が日本政府に、日本の軍用機が韓国艦艇から3海里（約5・5km）以内に接近すると射撃用火器管制レーダーを照射すると通知したと報道した。


共同通信によると日本側は10日、韓国で行われた非公式協議で、このような指示には国際法上根拠がないと主張して撤回を要請したが、韓国側は「指示には問題がない」と断った。

国防部はこの日午前、国防部の定例会見で、「事実無根」と反論した。

合同参謀本部関係者も「韓国軍に確認した結果、現在までに関連の内容を（日本に）通知した事実はないことが確認された」と述べた。

この関係者は、「偶発的衝突防止のための関連マニュアルを補完したという点以外、確認できる事案がない」と強調した。

「（日本の）外信に出てきたように、（韓国政府が日本政府に）通知した内容は事実ではないのか？」という確認の質問にも「確認したが、そうだ」と答えた。

しかし国防部はこの日の午後には「韓国軍の軍事的措置と基調を日本側に説明した事実はある」と、やや立場を変えた。

国防部の関係者は、「韓国軍の軍事的措置と対応基調について日本側に通報したのは、今年1月中旬在日本関係者を招致した状況で」と説明した。

日本政府が韓国軍に、該当する手順の撤回を要求したという日本の報道についても、「先月中旬にあった韓日実務会談で、日本が私たちのいくつかの軍事的措置と基調撤回を要求した事実もある」と翻意した。

国防部は、日本のマスコミで報道された「3海里」の基準については、「作戦の詳細手順など対応マニュアルを日本側に公開した事実はない」としながらも「確認が必要だ」と説明した。

一方で日本メディアの報道によると、韓国政府がこのような通知をしたのは、韓日「レーダー・低空飛行」葛藤のさなか、今年1月である。

チョン・ギョンヅ国防部長官は1月26日、葛藤が激しくなると、日本の海上自衛隊の哨戒機が接近すれば強く対応すると述べている。

韓国国防部と日本が、韓国艦艇の射撃用火器管制レーダーの稼働をめぐって葛藤の様相を見せ、しばらく静かだった韓日「レーダー・低空飛行」の対立が再び水面上に浮上する可能性があるという指摘も出ている。

日本側は、韓国海軍広開土大王艦が昨年12月20日、東海近くで海上自衛隊哨戒機P-1に向かって火器管制レーダーを照射したと主張したことがある。

当時韓国軍は、当時の広開土大王艦が映像撮影用光学カメラを稼働しただけで射撃統制レーダーは運用しなかったと反論した》https://news.naver.com/main/read.nhn?mode

=LSD&mid=shm&sid1=100&oid=277&aid=0004454197　https://news.naver.com/main/read.nhn?mode=LSD&mid=shm&sid1=100&oid=001&aid=0010778578

読売新聞の報道が韓国で大きな反響をよんでいたことがこの記事でよく解るが、ネット掲示板にこのような書き込みがあったのである。


《もう日本に助けてもらうことはないだろう。

特に軍事的支援を受けることはないだろう。

後で後悔することになるんじゃないのか。

大韓航空機がソ連に撃墜された時も、ソ連は撃墜していないと言い逃れをしたが、日本がソ連軍の通信を盗聴したものを公開してくれたので、ソ連の撃墜が明らかになった。

全斗煥時代、北朝鮮がアウンサン墓地を爆発させたときも、北朝鮮がしたという心証はあったが決定的な証拠がなかった。でも日本が情報を提供してくれたので…

我々がこんな態度だと、もうこういう助けは受けられないだろう》（http://oboega-01.blog.jp/archives/1074531862.html）

韓国人にも理性的な人物はいる。それは金完燮氏の発言を聞いても解るだろう。また、このポータルサイトへの書き込みのような判断をする韓国人が少なからずいることも確かだ。しかし、少数派であることも紛れもない事実なのである。

有名な「歴史を鑑《かがみ》とする」という言葉に従えば、私たち日本人は、冷静に、客観的に、国交を結んでからのこの五十四年間の日韓関係、さらに日本統治時代の三十六年間、そして、日韓併合に至る明治維新からの四十二年間、それだけをじっくり見つめ直しても、時すでに遅し、という答しか見つけられないのではないか。一九七〇年代のキャロル・キングのヒット曲ではないが、「It's too late」なのである。

韓国とはできるだけ距離を取って関わらないようにして、本書で述べてきた彼らの問題点、課題の変化を見守るしかない。ただ、安全保障の側面では〈敵国〉に準ずる存在として処する、厳しい対応が必要になるのは言うまでもない。もし北朝鮮が核保有したまま韓国を呑み込むカタチで、統一連邦政府を作ったり、いきなり北朝鮮主導の統一政府ができる場合でも、核保有されたままになるなら、我が国の核保有も絶対に避けられないことになるからである。

あとがき

本書を書き終える頃から、にわかに玄界灘を超える風の向きや大気の温度が変わって来た。だが、それも予想通りである。

まず平成最後の日になった四月三十日、文在寅大統領が譲位した《「明仁日本天皇」に書簡を送り、韓日関係の発展に大きな貢献をしたことに対し、感謝の意を表したと外交部が明らかにした》（傍点西村）と朝鮮日報日本語版が報じた。そして李洛淵（イ・ナギョン）首相も同日、ツイッターで《日本、5月1日から令和の時代》《韓日関係を重視された明仁天皇様に感謝申し上げる》と述べ、《即位する徳仁天皇様は、昨年3月にブラジリア水フォーラムでお会いし、かなり深い言葉を交わしていただき感謝している》《新しい友好協力関係を構築できるよう指導者が一緒に努力しましょう》書き込んだ。さらに驚いたのは、李明博元大統領に続き〈天皇謝罪しろ発言〉を行なった、あの文喜相国会議長までもが、《明仁天皇が両国関係のために努力をしたこと》に対し謝意を表した、と韓国国会広報官が令和元年になった五月一日に発表したのだ。

韓国メディアや世論が一斉に驚き、反発したのが、大統領を始め首相、国会議長という政府要人が「天皇」という言葉を使ったからだ。ただ文大統領のメッセージは祝意を表わしたものでなく、天皇陛下に命令するような内容だった。韓国ウオッチャー以外の日本人にはあまり知られていないが、韓国では天皇を「日王（イルワン）」と呼ぶ。日本を自分たちより下位に置く華夷秩序の小中華意識に基づいたもので、大中華のシナの皇帝にしか許されない〈皇〉という言葉を日本が使用することを認めたくないからだ。認めると自分たちと同等か下位であるはずの日本がシナと同格になってしまい、自尊心を傷つけるからだ。それに加え、古くから朝鮮民族が持つ日本人を蔑視する侮日観と相容れない。こんな事実も多くの日本人が知らないのは、本書で繰り返し述べたように日本のメディアが事実を報道しないからである。

韓国政府は公式には相手国の呼称を尊重する国際慣例に則り「天皇（チョンファン）」としているが、メディアを始め政府当局者も含めて韓国人のほとんどが通常は「日王」と言う。天皇を「日王」と勝手に言い換えて呼ぶ国は世界のどこにもなく、韓国以外の国は、シナをはじめ漢字文化圏は「天皇」といい、英語圏では訳が適切かどうかは別にしても「エンペラー」と呼び、日本の公式呼称を尊重している。今回、韓国政府要人が一斉に「天皇」と呼んだのには政治的な思惑があるからだ。

おまけに、海上自衛隊（日本海軍）の軍艦旗である〈旭日旗問題〉で、韓国の右翼や左翼民族主義者、親北サヨクをここ数年さんざん扇動していた中央日報が、四月三十日になって《令和時代の幕開け、韓国は韓日関係リセットの転機に》という社説を掲げた。《新時代が幕を開けるが、韓日関係は（略）「史上最悪」の奈落に落ちている。慰安婦合意と強制徴用賠償判決によるその後の影響に続き、哨戒機近接飛行事件まで重なった結果だ。韓日関係は過去に何度も葛藤と改善を繰り返していたが、最近のように感情対立が激しくなって両国関係の本質まで揺さぶるほどに発展した事例は多くなかった。

すでに両国間の経済人交流が断絶し、韓国消費財商品の日本国内の販売が直撃弾を受けるなど経済分野に被害が現れ始めている。このままいけば民間交流や観光分野にまで》という調子である。呆れかえるのは私だけではないだろう。日韓関係をＴＶゲームのようにリセットすれば、過去の自分たちの錯誤や罪をチャラにできると思っているのだろうか？　興味深かったのは、政府要人の「天皇」発言について、韓国人のネットの反応の中に、文在寅大統領や文喜相国会議長を「日韓関係を破滅させた張本人が何を言っている」と怒りを露わにしたものも少なくなく、韓国人の中にも理性と知性が生きていることが窺えたことだ。

ただ、それと同時に令和元年の最初の日となった五月一日に、戦時労働者賠償請求で日本製鉄と不二越を訴えた原告側がすでに差し押さえていた株式を売却し、現金化する手続きを韓国の裁判所に申し立てた。

これは日韓両国の歴史上の決定的な出来事となるだろう。本書で述べたように、韓国最高裁の平成三十年（二〇一八）十月三十日の判決自体が、日韓基本条約という両国の国交を保証する前提を否定したものなので、つまり、それはあり得ないことなのだが、日本と韓国は国交を断っているか、韓国という国家が存在しないか、そのどちらかにしかならないのである。論理的にそうなる。おまけに昨年の最高裁判決以来、韓国各地で〈元徴用工〉らが追加提訴を頻発し、四月二十九日にも、光州市で記者会見した元徴用工や遺族計五十四人が三菱マテリアル、三菱重工業、西松建設など日本企業合計九社に損害賠償の支払いを求める訴訟を光州地裁に起こしていた。日本政府は韓国政府に対して、日韓基本条約の日韓請求権協定に基づく協議に応じるよう昨年来求めているが、文在寅大統領は一切応じていない。天皇即位へのメッセージなどは外交儀礼以外の何物でもないのだが、むしろ、韓国に外交儀礼があることに驚いてしまうではないか……。

本書第三章で紹介した〈非韓三原則〉は、かねてから私が敬愛する韓国史の碩学である筑波大学大学院教授の古田博司氏が発案した言葉だ。彼の長年の研究の結果がそのマニフェストに集約されている。韓国を助けず、教えず、関わらずという三原則こそ、日韓二千年の、特に江戸時代から、また明治維新からの歴史から得られる教訓ではないか。国交断交まで行かずとも、その三原則の墨守が重要である。

私たちは、歴史を鑑にして同じ過ちを繰り返してはならない。何があっても、二度と日韓併合に準ずるようなことはしてはいけない。今後ますます不安定になる北東アジア情勢の変化で、朝鮮半島は北朝鮮主導の統一へ向かうはずである。その過程で韓国でクーデターが起こる可能性もあるだろう。朝鮮半島統一の過程で、在日朝鮮・韓国人のルーツになったのとまったく同じように、多くの難民が日本に押し寄せることもあるかも知れない。しかし、大事なことは、とにかく〈非韓三原則〉の徹底である。そして私たちは同時に〈非核三原則〉というペテンの廃棄を政府に訴えなければならない。

本書は多くの方の著作やそれらの人々との様々な機会での対話なども資料となった。特に評論家で拓殖大学教授の呉善花氏、前述の筑波大学大学院教授の古田博司氏、首都大学東京名誉教授の鄭大均氏に感謝の言葉を申し上げる。また、十七年前の日韓ワールドカップの後、小泉訪朝を控えた目まぐるしい時期にインタビューに応じてくれた金完燮氏、金氏の取材を調整してくれた草思社の増田敦子さんにも改めてお礼を申し上げる。

また最後になるが、助手として執筆の手助けをしてくれた尾崎克之氏、本書の緊急出版をプロデュースしてくれた株式会社ワニ・プラスの佐藤寿彦社長には感謝の言葉もない。お二人の尽力がなければ、とても本書を書き上げることはできなかったであろう。

令和元年五月吉日

西村幸祐

参考文献

『21世紀の「脱亜論」』西村幸祐（祥伝社新書）
『海洋民族学―陸の文化から海の文化へ』西村朝日太郎（ＮＨＫ出版協会）
『神に追われて』谷川健一（新潮社）
『南の精神誌』岡谷公二（新潮社）
『神秘日本』岡本太郎（みすず書房）
『ＤＮＡが語る稲作文明』佐藤洋一郎（ＮＨＫ出版協会）
『新日本人の起源 神話からＤＮＡ科学へ』崎谷満（勉誠出版）
『Ｙ染色体からみた日本人』中堀豊（岩波科学ライブラリー）
『日本人になった祖先たち―ＤＮＡから解明するその多元的構造』篠田謙一（ＮＨＫ出版協会）
『日本人ルーツの謎を解く―縄文人は日本人と韓国人の祖先だった！』長浜浩明（展転社）
『韓国人は何処から来たか』長浜浩明（展転社）
『日朝古代史 嘘の起源』（別冊宝島）室谷克実監修（宝島社）
『韓国属国史』宇山卓栄（扶桑社新書）
『東アジアイデオロギーを超えて』古田博司（筑摩書房）
『日本文明圏の覚醒』古田博司（筑摩書房）
『新しい神の国』古田博司（ちくま新書）
『東アジア「反日」トライアングル』古田博司（文春新書）
『「反日・親北」韓国の暴走』呉善花（小学館）
『日本の曖昧力』呉善花（ＰＨＰ新書）

『韓国併合への道　完全版』呉善花（文春新書）
『侮日論「韓国人」はなぜ日本を憎むのか』呉善花（文春新書）
『在日・強制連行の神話』鄭大均（文春新書）
『なぜ抑制が働かないのか 韓国ナショナリズムの不幸』鄭大均（小学館文庫）
『日本帝国と大韓民国に仕えた官僚の回想』鄭大均（草思社）
『日韓「歴史問題」の真実』西岡力（ＰＨＰ研究所）
『よくわかる慰安婦問題』西岡力（草思社）
『親日派のための弁明』金完燮（草思社）
『韓国 堕落の２０００年史』崔基鎬（祥伝社文庫）
『ぼくのソウル白書』黒田勝弘（徳間文庫）
『江戸のダイナミズム』西尾幹二（文藝春秋）
『古代研究Ｖ国文学篇』折口信夫（角川書店）
『講座古代学』池田彌三郎編（中央公論社）
『逝きし世の面影』渡辺京二（平凡社）
『シュリーマン旅行記 清国・日本』ハインリッヒ・シュリーマン（講談社学術文庫）
『朝鮮紀行』イザベラ・バード（講談社学術文庫）
『日本帝国の申し子　高敞の金一族と韓国資本主義の植民地起源』カーター・J・エッカート（草思社）
『Offspring of Empire: The Koch'Ang Kims and the Colonial Origins of Korean Capitalism, 1876-1945 (Korean Studies of the Henry M. Jackson School of International Studies)』Carter J. Eckert (Univ of Washington Pr)
『「日本の朝鮮統治」を検証する１９１０－１９４５』ジョージ・アキタ、ブランドン・パーマー（草思社文庫）
『ＴＨＥ ＮＥＷ ＫＯＲＥＡ－朝鮮が劇的に豊かになった時代』アレン・アイルランド（星雲社）

韓国のトリセツ
やたら面倒な隣人と上手に別れる方法

著者　西村幸祐

２０１９年６月10日　初版発行
２０１９年７月１日　２版発行

西村幸祐（にしむら・こうゆう）
批評家・岐阜女子大学客員教授・関東学院大学講師。昭和27年東京生まれ。慶應義塾大学文学部哲学科在学中より「三田文学」編集担当。音楽ディレクター、コピーライター等を経て１９８０年代後半からＦ１やサッカーを取材、執筆活動を開始。２００２年日韓共催Ｗ杯を契機に歴史認識や拉致問題、安全保障やメディア論を展開。「表現者」編集委員を務め「撃論ムック」「ジャパニズム」を創刊し編集長を歴任。一般社団法人アジア自由民主連帯協議会副会長。著書に『ホンダ・イン・ザ・レース』（講談社）、『「反日」の構造』（ＰＨＰ文庫）、『ＮＨＫ亡国論』（ＫＫベストセラーズ）、『21世紀の「脱亜論」』（祥伝社）、『報道しない自由』（イーストプレス）など多数。
公式サイト西村幸祐公式　http://kohyu-nishimura.com/
twitter　http://twitter.com/kohyu1952
Facebook　http://www.facebook.com/kohyu.nishimura

発行者　佐藤俊彦
発行所　株式会社ワニ・プラス
〒１５０-８４８２
東京都渋谷区恵比寿４-４-９　えびす大黒ビル７Ｆ
電話　０３-５４４９-２１７１（編集）
発売元　株式会社ワニブックス
〒１５０-８４８２
東京都渋谷区恵比寿４-４-９　えびす大黒ビル
電話　０３-５４４９-２７１１（代表）
装丁　橘田浩志（アティック）
柏原宗績
ＤＴＰ　平林弘子
印刷・製本所　大日本印刷株式会社

ISBN 978-4-8470-6150-9
ワニブックスＨＰ　https://www.wani.co.jp